내 아이는 조각난 세계를 삽니다

내 아이는
조각난 세계를 삽니다

윤서 지음

돌봄부터 자립까지

정신질환자와

그 가족이 함께 사는 법

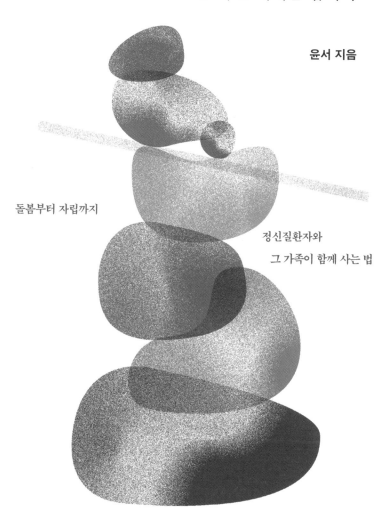

"그동안 고생하셨어요. 집에 가서 푹 주무시고 좀 쉬세요." 조현병 환자가 악화돼 보호병동에 입원하고 나면 부모에게 하는 말이다. 그동안 얼마나 힘들게 지냈는지 알고 있기 때문이다. 입원 기간만이라도 마음 편히 쉬어야 퇴원 후 생활을 견뎌낼 수 있다.

초등학교 6학년에 발병해서 18년 동안 조현병과 살아가고 있는 서른 살 나무 씨의 어머니가 쓴 이 책을 읽고 나면 내가 그동안 들어 알고 있던 것은 그저 어렴풋한 짐작일 뿐이라는 걸 깨닫게 된다. 그 생생한 시간들 속으로 어린 나이에 발병해서 클로자핀, 전기경련치료, 장기지속형주사제까지 거의 모든 치료를 받은 나무의 병세가 먼저 보인다. 동시에 해야 할 학업을 마치고, 성인으로 홀로 서 사회에서 살아가도록 최선을 다하는 가족의 애씀이 머리가 아닌 가슴으로 다가온다.

조현병은 치료가 어려운 질환이지만 증상은 그 사람의 전부가 아니라 일부일 뿐이다. 그리고 당사자와 가족 모두 주어진 조건 안에서 충분히 자기 삶을 만들어갈 수 있다. 이 책이 지치지 않고 긴 여정을 함께해가는 모든 조현병 환자의 가족과 정신보건 전문가의 책상 위에 놓이기를 바란다.

_하지현(정신건강의학과 전문의, 《꾸준히, 오래, 지치지 않고》 저자)

소아조현병 진단을 받은 아이가 무사히 서른 살이 되었다. 우리에게 아직은 낯선 이 서사를 관통하는 진실은 이것이다. 고통도 생물처럼 변한다는 것. 《내 아이는 조각난 세계를 삽니다》에는 집채만 한 파도처럼 가족을 덮쳤던 '고통'을 파도타기가 가능한 '일상'으로 살아내는 비법과 처방이 담겼다.

이 가족에게 행복과 불행의 구분은 무의미하다. 무엇이 소중한지 깨닫지 못한 삶과 깨닫게 된 삶이 있을 뿐이다. 이야기가 자라는 곳에서 성장도 일어난다. 조현병에 대한 두터운 편견의 지층을 뚫고 나온 엄마이자 동료 시민의 언어는 우리 사회 풍경을 너그럽게 바꿔낼 것이다.

_은유(작가, 《해방의 밤》 저자)

$\times$

"이야기에는 우리를 치유하고 계속 살게 하는 힘이 있어요.
용기를 내어 다른 이들에게 이야기를 들려주다 보면
우리는 혼자가 아니란 걸 거듭 깨닫게 될 거예요."

_술라이커 저우아드, 《엉망인 채 완전한 축제》 중에서

고유한 세계를 쌓아온 시간

이 책은 서울역에서 오송역으로 출근하던 새벽 기차에서 쓴 글의 조각에서 시작되었다. 아들인 '나무'의 조현병 발병으로 인한 긴 태풍이 한바탕 지나간 시간이었고, 그래서인지 지독하게 외로운 시간이었다. 나는 읽고 싶었고, 쓰고 싶었다. 죽기 전에 해야 할 말들이 있었다. 새벽 여명을 가르고 기차에 오르면, 엄혹한 밥벌이의 시간과 돌봄의 시간 사이에서 오롯이 나만의 시간을 가지고 싶었다.

그렇게 시작한 짧은 글들을 다듬어 온라인에 공개했고, 그 원고를 다듬어 〈한겨레21〉에 연재했다. 다시 원고를 보태고 다듬어 책으로 내놓는다. 이 이야기는 초등학교 6학년 때 발병한 조현병과 18년째 동거 중인 서른 살 청년 나무 씨와 그 가족의 이야기이다. 어떤 질병보다 편견과 낙인이 심한 조현병을 가지고 매일 약을 먹고 매달 주사를 맞으며 치료하면서도, 학교를 다니고 울고 웃으며 성장하고 여느 청년들과 비슷한 고민을 가지고 살아가는 나무의 18년을 담았다. 그 누구도 가르쳐주지 않아서 좌충우돌하며 거쳐온 길이었다.

책 원고를 마무리하면서 새삼 글 안에서의 나와 현실에서의 내가 달라서 놀랐다. 현실에서는 나무에게 짜증 내고 잔소리하는 내가 글 속에서는 너무 우아하기만 한 것 아닌가? 글과 현실은 차이가 있다. 글 안의 나와 현실의 나는 같고도 다르다. 그럼에도 글을 쓰는 이유는 중심을 잃지 않기 위해서다. 코로롱코로롱 코를 골면서 자고, 삐뚤빼뚤한 글자로 이력서를 쓰고, 오늘 점심은 뭘 먹을까 고민하는 나무의 일상을 유지하기 위해 기도하는 행위가 글쓰기였다. 그렇다. 글로 기도하는 것이다. 기도 후 눈을 뜨면 마주하는 현실 속에서 다시 마음의 평정을 잃더라도, 한숨 돌리고 다시 기도하면서 첫 마음으로 돌아가기 위해 나는 읽고 쓰는 행위를 멈추지 않았다.

우리 네 가족은 서로 포옹하며 사랑한다고 그립다고 말하면서도, 다투고 짜증 내고 매달 생활비에 허덕이면서 그렇게 18년을 지내왔다. 그게 현실이다. 그야말로 아웅다웅 지지고 볶으며 살아왔다. 이 글을 계기로 출연한 유튜브 채널의 영상 댓글에 '훌륭한 엄마네' '엄마가 대단하네' 이런 글들이 있었다. 나는 결코 훌륭한 엄마가 아니고, 대단한 엄마는 더더구나 아니다. 나의 모성은 불완전하고, 불완전할 수밖에 없다. 나는 그저 '괜찮은 사람'이고 싶었다.

나무의 발병은 나의 삶에서 가장 큰 고통이었다. 나를 잃지 않기 위해서는 흔들려도 삶의 중심을 잡는 것이 중요했다. 이건 나도, 나무도, 나무의 아빠도, 나무의 동생도 마찬가지였다. 우리의 18년은 삶 밖으로 튕겨지지 않기 위해 끊임없이 중심으로 돌아오고자 했던 저항의 시간이었다. 가족이란 작고 불완전한 공동체를 위하여, 그리고 나무를 계속 사랑하기 위하여, 마음을 닦는 시간이었다. 나무는 나와 우리에게 십자가이자 부처이자 스승이었다. 이 글은 그 시간에 대한 기록이다.

나무는 환청, 망상 그리고 불안을 가지고도 자신의 취향과 자질을 잃지 않으며 고유한 세계를 쌓아왔다. 조각난 세계를 살면서 유일무이한 자아를 만들어온 것이다. 좀 특별하고, 좀 다른, 그래서 더 아름다운 청년. 나무의 서른은 그냥 오지 않았다.

마지막으로 조현병은 생각보다 흔한 병이고 생각만큼 위험하지 않다는 것, 조현병 환자도 함께 살아가야 할 시민이라는 점을 말하고 싶다. 이 책이 나와 나의 가족에겐 치유로, 세상엔 조현병에 대한 편견이 옅어지는 계기로 읽히기를 바란다. 그리고 무엇보다, 여러분이 덜 외롭기를 바란다.

2025년 봄을 기다리며,

윤서

1부. 함께 발맞추는 연습

2부. 세상으로 내딛는 걸음

함께

발

맞추는
　　연습

엄마,
내가 미치고 있는 건가요?

"엄마, 엄마, 엄마."

쿵, 띠리릭. 보호병동의 문이 닫혔다. 아이는 문 안으로, 나는 문 밖에 있다. 2008년 4월 2일, 여기는 소아정신과 병동 앞이다. 3.47킬로그램으로 건강하게 태어나 감기 말고는 아픈 적이 없었으며, 보통 키에 보통 체격, 책 읽기를 좋아하고 일기를 멋지게 쓰고 친구들과 축구하는 걸 좋아하는 열세 살 아이가 소아정신병동에 입원했다.

소아정신과라니, 그것도 폐쇄병동이라니. 이게 무슨 일인가? 다 내 잘못 같았다. 내가 아이를 더 사랑해주지 않아서. 내가 일하는 와중에 공부까지 한다고 바쁘게 살아서. 같이 사는 시어머니와 불화해서.

"어머니 잘못이 아니에요. 자책하지 마세요. 백혈병의 원인을 알 수 없는 것처럼 그냥, 그냥 병에 걸린 거예요."

주치의는 이렇게 말했다. 엄마 잘못이 아니라고, 그냥 병에 걸린 거라고. 아주 조금 위안이 되었다.

><

2008년 2월 겨울방학이었다. 집에 돌아왔더니 아이는 온 집 안의 블라인드며 커튼을 다 치고, 컴컴한 거실 한편에 웅크려 떨고 있었다. 불안과 공포에 사로잡혀, 어찌할 바를 몰라 울고 있었다. 갑작스러운 일이었다. 아이는 나쁜 사람들이 아파트 상가 앞에 모여 있다고 했다. 자신을 위협한다고, 자꾸 나오라 한다고 했다. 그 사람들이 엄마 아빠를 해칠 거라고 했다. 뛰어나갔다. 상가에 가보았다. 아파트 단지를 한 바퀴, 두 바퀴, 세 바퀴 돌았다. 어디에도 아이를, 우리 가족을 위협할 만한 나쁜 사람은 없었다. 이게 도대체 무슨 일인가? 우리에게 닥친 이 상황이 도대체 무엇인가? 정신 차려야 한다, 중심을 잡아야 한다. 나에게 하는 말이었다.

다음 날 이비인후과를 찾았다. 의사는 귀 안을 살피고 청력 검사를 하고는 이상 없다고 했다. 이튿날, 동네 정신과를 찾았다. 40대 의사는 '엄마의 우울증이 아이에게 전이되었다'고 했다. 나는 우울감은 있었지만 우울증은 아니었고, 이 진단은 아이 치료에 도움이 되지 않았다. 그날부터 인터넷 검색에 매달렸다. 불안, 환청, 정신과, 정신병… 이런 단어를 검색했다. 손이 떨렸다. 하지만 우리에겐 질병과 병원에 대한 정보가 필요했다.

이때 많은 정보를 얻은 곳은 '아름다운 동행'이라는 조현병 환우 가족 온라인 카페였다. 정보의 바다라는 인터넷에도 조현병 정보는 부족했다. 앞길이 막막할 즈음 처음으로 이 카페에서 발병한 사례, 입원에 대한 고민, 약물 관련 정보를 만날 수 있었다. 구세주 같았다. 아이가 잠들면 모니터 앞에 매달려 있었다. '정신분열병'[÷], 이 다섯 글자를 보고 또 보았다. 밤마다 증상 사례를 찾아 읽는 데 몰두하고 입원 사연 앞에선 눈물을 줄줄 흘렸다. 환청과 망상 증상을 봐선 정신분열병이 맞는 것 같았다. 부정하고 싶었지만 그랬다. 하지만 컴퓨터 앞에서 눈물만 흘리고 있을 순 없었다. 아이가 시시각각 무너지고 있었다. 괴로워서 떨면서 울고 있었다. 아이를 도울 방법을 빨리

÷ 나무의 발병으로부터 3년이 지난 2011년, 정신분열병은 병명을 '조현병'으로 개정한다.

찾아야 했다.

며칠 뒤, 정신분석 전문가를 만났다. 시간이 오래 걸릴 거라고, 맡을 자신이 없다고 했다. 다음으로 최면술을 한다는 의사를 만났다. 재미있는 사례라고 하며 치료해보자고 했다. 신뢰할 수 없었다. 그다음엔 한의학으로 정신질환을 치료한다는 의사를 만났다. 몸 안의 독소를 빼야 한다고, 열이 뇌로 올라가서 생긴 증상이라고 설명했다. 한약을 지어 왔다. 아이는 쓴 한약을 꿀꺽꿀꺽 마셨다. 치료에 도움이 된다고 하니 참고 먹었다. 그리고 사흘 내내 설사를 했고 아무것도 먹지 못했다. 증세는 더 심해졌다. 급기야 시어머니는 아이에게 귀신이 들린 거라고 했다. 굿을 해야 하니 돈이 필요하다고 했다. 나는 듣지 않았다.

결국 소아정신과 개인병원을 찾았다. 의사는 진료실에서 나와 대기실에서 아이의 행동을 지켜봤다. 나는 도망 다니고, 아이는 나를 쫓아다니고 있었다. 아이는 이제 나를 가짜 엄마라 생각했다. 의사는 급성 정신증을 의심하며 당장 대학병원에 입원해야 한다고 말했다. 급성 정신증은 인지와 사실판단 능력에 문제가 생기는 정신적 증상으로, 성장기의 아이들에게 일시적으로 나타나는 증상일 수도 있고 지속되는 질환일 수도 있다. 나무는 조현병, 망상장애, 심한 기분장애 중 하나에 해당될 가능성이 높은데 정밀검사를 해봐야 안다고 했다. 의사는 희귀한 케이스라고 덧붙였다. 건강하게 태어나서 건강하게 자란 아이가 이 나이에 발병하는 경우는 드물다는 것이다. 조현병은 100명 중 한 명꼴로 흔하지만, 소아조현병의 경우는 1만 명에 한 명꼴이라고 했다. 하늘이 무너지는 것 같았다. 기가 막혔다. 정신병이라고? 살면서 한 번도 겪어보지 못한 일이 이 아이에게 일어나다니. 왜 이런 형벌이 이 사랑스러운 아이에게 온 것일까? 도대체 왜? 하지만 신에게 따져 묻는 것도 아이를 치료할 방법을 찾고 나서 할 일이었다.

><

우리는 당장 가까운 종합병원 정신과 병동에 입원했다. 개방병동이었다. 보호자와 함께 있는 환자는 없었지만, 아이는 소아 환자여서 보호자와 함께 지내는 것이 허락되었다. 조울증, 조현병, 우울증, 불안장애 등 다양한 어른 환자들과 함께 생활했다. 처음에는 2인실에 배정되었다. 바로 옆 베드에는 40대 후반으로 보이는 조현병 환자가 있었다. 본인이 의사라고 했다. 믿을 수 없었다. 망상인 줄 알았다. 그런데 며칠 함께 생활해보니 의사가 맞는 것 같았다. 의사라고 병을 피할 수는 없으니 그럴 수 있겠다 싶었다. 또 병동에는 부부 사이인 환자도 있었다. 여자 병실과 남자 병실에 각각 입원해 있는 조울증 환자였다. 산책 시간에는 손을 잡고 나란히 복도를 걸었고, 프로그램을 할 때도 함께였다. 다정하다가도 격렬하게 싸우는 흔한 커플이었다. 처음으로 경험한 정신병동도 사람 사는 곳이었다. 희로애락이 있는 작은 사회.

개방병동 생활은 단순했다. 아침 식사, 아침 약 복용, 회진, 점심 식사, 저녁 식사, 저녁 약 복용, 다시 아침 회진…. 중간중간에 검사가 진행되는 때를 제외하면 하루는 이런 식으로 흘렀다. 저녁 8시가 되면 개방병동의 두꺼운 유리문이 닫히고 의료진 외에는 출입할 수 없다. 환자들의 증상은 의료진에 의해 관찰되고, 이에 맞게 처방이 내려진다.

며칠 뒤 아이는 다인실로 옮겼다. 다섯 명이 생활하는 병실이었다. 여기서도 소아 환자는 아이 혼자였다. 정밀검사는 계속되었다. 뇌파검사, 뇌 MRI검사, 심리검사, 심전도검사, 사회환경 조사를 하는 동안에도 아이는 급속도로 나빠지고 있었다. 치료 약물이 아이의 증세를 따라잡지 못했다.

"엄마, 내가 미치고 있는 건가요?"

개방병동 다인실 병실 한쪽 벽에 서서 아이는 불안한 눈빛으로 울먹이며 물었다. 아이는 시시각각 자아가 무너지는 것을 느끼고 있었다. 그 혼란과 공포 때문에 분리불안도 생겼다.

화장실 가는 짧은 시간에도 엄마가 눈에 보이지 않으면 불안해했다. 누군가가 엄마를 해칠 거라고 했다. 결국 화장실도 같이 갔다. 아이는 24시간 내내 엄마 손을 붙잡고 있었다.

엄마에게 절대적으로 의지하면서도 어느 순간, 아이는 또다시 내가 가짜라고 했다. 진짜 엄마를 없애려고 온 가짜라는 것이다. 겉모습은 똑같지만 나쁜 사람들이 보낸 가짜 엄마. 세상에서 가장 사랑하는 엄마를 지키기 위해 물리쳐야 하는 악당. 그 망상이 들 때는 가짜 엄마에게 욕을 하고, 심지어 가짜엄마를 때리기 시작했다. 가장 소중한 것을 지켜야 하니까.

내가 가짜로 보인다고? 내가 얼마나 나쁜 엄마였으면 가짜로 보이는 걸까? 죄책감이 모든 것을 덮어버렸다, 슬픔도 당황도 모두 다. 하지만 죄책감에 빠져 있을 겨를이 없었다. 응급 상황이었다. 가까운 사람이 똑같은 모습으로 분장한 다른 사람으로 뒤바뀌었다고 믿는 카그라스 증후군Capgras syndrome, 조현병 환자에게 드물지 않게 나타나는 증상이었다. 우리는 발병 두 달 만에 대학병원 소아정신병동 중 폐쇄병동으로 옮겨 입원하기로 결정했다. 이때부터 조현병과의 동거가 본격적으로 시작되었다. 시작은 있으나 끝은 없는 여정에 발을 내딛는 순간이었다.

병동 안의
질문들

철문이 닫히고 아이는 격리되었다. 분리불안으로 한시도 떨어지지 않았던 아이가 이제 내 곁에 없다.

어느 부모가 아이를 보호병동에 입원시키고 싶겠는가? 하지만 지금은 보호병동에서 아이를 잘 관찰하고 증상을 잡을 수 있는 약물을 찾는 것이 급선무다. 갑작스레 찾아온 환청, 망상, 불안 등의 정신병 증상으로 아이는 너무나 힘들어하고 있었고 남편과 나는 이 타들어가는 시간에 대처할 방법을 찾느라 밤낮으로 정보를 수집하고 팔방으로 뛰어다녔다. 결론은 입원, 그것도 소아정신병동이 있는 대학병원 보호병동에 입원하는 것이었다.

입원하는 날, 우리는 아이와 대학로를 걸었다. 걷고 또 걷고, 우리는 나무가 결심할 때까지 함께 걸었다. 강제로 입원한 것으로 기억하길 원하지 않았다. 아이가 결심해서 철문을 열고 들어가기를 기다렸다. "조금만 더, 조금만 더." 아이는 부탁했다. 나무도 입원해야 치료받을 수 있다는 것을 알고 있었다. 그러나 보호병동에 입원하는 것은 용기가 필요한 일이다. 나무는 다리가 아플 때까지 걸었다. 그리고 맛있는 간식 챙겨 면회 오기와 치료 잘 받고 건강해져서 집으로 돌아가기, 이 두 가지를 약속하고 철문 안으로 들어갔다.

아이가 철문을 닫고 들어가자 참았던 눈물이 터져 나왔다. 한바탕 울고 난 우리 부부는 복도 오른쪽에 있는 면담실로 갔다. 환경조사를 담당한 임상심리전문가가 들어왔다. "집안에 정신병 이력이 있나요?"로 질문은 시작되었다. "건강하게 출산하셨나요?" "아이는 엄마가 키웠나요?" "엄마는 어떤 성격인가요?" "부부 사이는 좋나요?" 이런 질문들이 이어졌다. 남편과 함께 있었지만 질문은 내게만 날아왔다. 나는 아이가 태어났을 때부터 입원에 이르기까지 만 11년 4개월의 시간을 성실하게 답변했다. 집안에 조현병 환자가 없는 것, 3.74킬로그램으로 아이가 건강하게 태어난 것, 아이의 다정한 성격, 책읽기와 글쓰기를 좋아하는 것, 담임 선생님과 주말 산행을 갈 정도로 활기찼던 학교 생활…. 그리고 대답은 일과 공부로 바쁜 엄마, 불편한 고부관계, 할머니의 끔찍한 손자 사랑에까지 흘렀다. 나는 "왜 내게만 물어보나요?"라고 반박하지 못했다. 성실히 대답할수록 바쁜 엄마라서, 아픈 아이의 엄마라서, 정신병동에 입원한 아이의 엄마라서 질문할 자격이 없었다.

며칠 뒤, 아이와 통화가 가능해졌다. "왜 입원시켰어요?" 아이의 첫 마디였다. 나는 말했다. "나으려고, 좋아지려고 입원한 거지."

※

보호병동에 입원하면 2주 정도는 면회가 안 된다. 정신질환의 특성상, 뇌파검사·뇌 MRI검사·심리평가검사 등을 함께 진행하긴 하지만 가장 중요한 것은 임상 관찰이다. 인류 역사상 1퍼센트의 유병률을 꾸준히 지켜왔다는 기록에도 불구하고, 조현병에 대한 연구는 1980년대에야 본격적으로 진행되었다. 유전학적인 측면, 진행 경과, 병의 다양한 발현, 두뇌 구조와 기능의 비정상적인 면, 신경전달물질의 화학적 반응과 항정신병 약의 작용에 대한 연구는 모두 그때 대폭 진행되었다. 그러나 두뇌 이상과 조현병 증상 사이의 상관 관계나 환자들의 치료 반응에 대한 연구는 진행 속도가 더디다. 그렇기 때문에 외부자극이 없는 상태에서 증상을 관찰한 후 '정신장애의 진단 및 통계 편람Diagnostic and Statistical Manual of Mental Disorders, DSM'에 따라 진단하고 치료 계획을 세우는 것이 중요하다. 약물치료에 대한 반응을 살피는 것도 물론이다. 보호자는 매일 저녁 9시에서 10시 사이에 간호사와 통화하면서, 날씨를 살피듯 그날의 환자의 상태를 확인한다. 환자에게 진전이 있으면 그날은 '맑음'이고, 진전이 없는 날은 '흐림' 또는 경우에 따라 '태풍'이 지나간 엉망진창의 상태가 된다. 안정실에 갔다는 이야기를 들은 날은 잠을 도통 이룰 수가 없다.

정신건강복지법 제5장에 따르면, 정신병동 입원은 자의입원, 동의입원, 보호입원, 행정입원, 응급입원으로 나뉜다. 2017년 정신건강복지법이 개정되어 현재 보호입원은 보호자 두 명의 동의와 서로 다른 의료기관에 소속된 전문의 두 명의 진단이 필요하다. 아이가 입원한 2008년은 법 개정 전이었기 때문에, 아이는 부모의 동의와 전문의 한 명의 판단에 의해 보호입원을 했다.

보호병동에 입원할 때는 반입이 안 되는 물품이 많다. 핸드폰을 비롯해, 끈 있는 신발·벨트·커터칼 등 위해를 가할 수 있는 물건들은 반입이 금지된다. 그리고 십자가나 성경책도 안 된다. 종교망상이 있는 환자들을 자극하기 때문이다. 한편,

MP3는 무료한 병동 생활에 필수품이다. 아이의 입원 가방을 챙길 때 MP3에 나무가 좋아하는 음악을 담았다. MP3에 음악 담는 게 무슨 특별한 일이라고 이걸 하는데도 눈물이 났다. 그땐 뭘 해도 눈물이 났다.

2주가 지났다. 아이와 첫 면회를 하는 날, 아이 앞에서는 울지 않기 위해 거울 보고 웃는 연습을 여러 번 한 후, 단정한 옷을 골라 입고 병원에 갔다. 한 손엔 아이가 먹고 싶다는 치킨과 피자를 들고, 다른 손에는 아이가 갈아입을 속옷과 필요한 물건이 든 가방을 들었다. 복도 가족실에서 아이와 만났다. 아이는 간식을 먹으며 엄마를 살핀다, 가짜인지 진짜인지. 나는 아이를 살핀다, 좋아졌는지 그대로인지. 면회를 마치고 아이와 함께 병동에 들어갔다.

병동은 처음이다. 병동 중간에 개방되어 있는 둥근 모양의 간호사실이 있고, 복도를 중간에 두고 병실이 쭉 둘러싸여 있는 모양새다. 5인실 병실 6개, 1인실 2개, 그리고 안정실이 있다. 간호사실과 병동 문 사이 로비에는 탁구대가 놓여 있고, 로비 한쪽에는 프로그램을 진행할 수 있는 공간이 있다. 아이는 입원 직후에는 1인실에서 지내다 일주일 뒤 다인실로 옮겼다. 안정실에도 다녀왔다. 아이가 2주 동안 생활한 공간을 이제야 걸어본다. 서랍 속에 속옷을 가지런히 넣고, 아이가 부탁한 참고서도 옆에 두고, 다음 면회 때까지 아이가 먹을 간식거리도 챙겨둔다. 이제 다시 아이와 헤어질 시간이다. 우리는 일주일 뒤에나 만날 수 있다. 아이는 손을 잡고 몇 바퀴만 걷고 가라고 한다. 다른 아이들이 나무와 나를 번갈아가면서 본다. "나무 어머니예요?" 한 아이가 묻는다. "그래 맞아. 나무 엄마야." 대답을 하고, 우리는 병동 복도를 걷고, 또 걷다가 헤어진다. "엄마 때리는 사람 없어요? 괴롭히는 사람 없어요?" 나무가 묻는다. "걱정할 거 하나도 없어. 아무도 엄마를 괴롭히지 않아. 또 올게." 병동 문이 닫힌다.

✕

　병동 일과는 단조롭다. 하루 세 끼 식사, 약물 복용 그리고 프로그램 참여, 이런 일상이 반복된다. 환자들은 정기적으로 주치의와 면담을 한다. 간호사는 삼교대 근무를 하면서 24시간 아이들을 돌본다. 소아이고 정신병동이기 때문에 정서적인 케어가 중요하다. 특히 환자의 환청이나 망상에 잘 대응해야 한다. 환자가 흥분 상태가 되거나 자해·타해의 위험이 있을 때는 두 명씩 근무하는 보호사가 출동한다. 평소에는 아이들의 말동무가 되어주거나 프로그램을 보조하지만, 이럴 땐 아이들을 안정실로 데리고 가는 역할을 맡는다. 의대 실습생과 인턴들은 아이들과 탁구를 치거나 함께 텔레비전을 보면서 대화를 나눈다. 관찰의 일환이다. 그들은 아이들의 행동과 반응을 꼼꼼하게 기록한다.

간호사도, 의사도, 보호사와 인턴, 레지던트도 모두 친절하지만 보호병동에서의 생활은 아이에게 오랜 시간 트라우마로 남았다. 아이는 병동에 귀신이 있다고, 귀신을 많이 봤다고 했다. 실제로 귀신이 있었는지, 아이의 증상 때문에 환시가 보였는지 모르겠다. 아마도 보호병동에 대한 거부감, 안정실에서 혼자 있었던 시간과 증상이 복합적으로 작용한 결과가 아닐까. 그만큼 보호병동에서의 생활은 아이에게도, 우리 가족에게도 견디기 힘든 경험이었다. 아무리 대한민국 최고의 의료진과 시스템을 갖추고 어린이환자의 인권 침해가 없도록 한다지만 부모의 마음은 불안하다. 그래도 의료진과 호흡을 잘 맞춰야 아이 치료에 도움이 될 것이고, 신뢰하는 마음이 있어야 의료진과 소통도 잘될 것이니 믿기로 한다. 인턴도, 간호사도, 전문의도, 부모도, 같은 마음으로 아이를 돌보고 있다고 믿고 싶었다.

시간이 흘렀다. 2009년 봄, 그사이 아이는 퇴원했다가 다시 보호병동에 입원했다. 보호병동에서 탁구도 배우고 아이돌 춤도 배웠다. 그해 어린이날 행사에서 "너의 모든 모습을 사랑하고, 있는 그대로의 너를 사랑한다"라는 구절이 있는 편지를 읽었다. 울지 않겠다고 다짐했는데, 관객들 앞에서 낭독하니 자꾸 눈물이 났다. 그래도 끝까지 읽었다, 아이가 보고 있으니까. 아이는 슈퍼주니어의 '쏘리 쏘리' 춤을 추었다. 앞줄 왼쪽 세 번째 자리에서 어설프지만 씩씩하게 춤을 추었다. 우리는 손이 아프게 박수를 쳤다. 춤은 간호사 선생님들이 지도한 것이었다. 아픈 아이들과 얼마나 씨름하면서 행사를 준비했을까? 그때 간호사 선생님의 이름을 기억한다. 아이를 진심으로 대해주었다. 아이의 이야기를 들어주고, 외출을 함께 나서고, 간식을 사주었다. 아이는 지금도 그날을 이야기한다, 햇살이 좋았던 봄날을.

그 후 아이의 소아정신병동 생활은 초등학교 6학년부터 중학교 3학년까지, 입퇴원을 12회 반복하며 계속되었다. 나무에게 맞는 치료제를 찾는 데 꼬박 3년 6개월이 걸렸다. 중학교 3학년 때는 매일 서울에 있는 병원에서 경기도 파주에 있는 학교까지 통학했다. 병원 내에 설치된 파견학급에서 교육과정을 이수하도록 하는 병원학교 제도가 있었지만, 소아정신병동에서 이 제도를 이용하기에는 어려움이 있었다. 아이는 출석일수를 맞춰서 학교를 마치고 싶다고 했다. 의료진과 의논한 결과 병원에서 학교로 통학하기로 했다. 의료진은 알고 있었다, 이 병이 오래갈 것을. 그리고 특히 소아 환자에게는 학교 졸업장이 중요하다는 것을. 나무는 병실에서 교복을 갈아입고 1시간 30분을 달려가 1시간 수업을 받고, 조퇴해 다시 병원에 돌아왔다. 그렇게 아이는 중학교를 졸업했다. 3년 6개월, 소아정신병동에서 지낸 그 시간 동안 아이에게 병동은 학교이자 사회였다.

정신과 입원은 신중에 신중을 기해야 한다. 하지만 필요할 때는 단호히 결정해야 한다. 정신과 입원에 신중해야 하는 이유는 당사자와 가족에게 트라우마를 남길 수 있기 때문이고, 단호히 결정을 해야 하는 이유는 당사자의 상태를 객관적으로 살피고 가장 적합한 치료법을 조속하게 찾아야 하기 때문이다. 통원치료로 증상이 잡히지 않을 때, 자해나 타해 위험이 있을 때, 초기 발병 때 여러 검사를 통해 정확한 진단이 필요할 때 입원은 피할 수 없다.

이 때문에 입원 과정에서 가장 중요한 것은 당사자의 '동의'와 '결정'이다. 대화가 잘되지 않더라도 당사자가 입원한다는 사실을 잘 인지하고, 입원해야 한다고 스스로 알게 하는 것이 중요하다. 보호자는 입원의 목적을 명확하게 해야 한다. 예를 들어 당사자에게 가장 잘 맞는 치료제를 정하기 위해, 혹은 부작용을 최소화하면서 복용할 수 있는 약물을 적당한 용량까지 증량하기 위해 입원할 수 있다. 이처럼 입원치료의 목적을 분명하게 설정해야 한다.

입원 기간 중에는 의료진과 소통하면서 환자의 치료 정도를 살피고, 외출과 외박을 통해 퇴원 후 가정에서 생활이 가능한지

가늠하여 퇴원 후의 치료 계획을 세워야 한다. 통상 두 달 정도 입원하게 되는데, 그 입원 기간보다 더 중요한 것은 퇴원 후 치료이다. 때문에 환자가 입원해 있는 동안 보호자들은 이 기간을 지친 자신의 몸을 돌보고 환자가 퇴원 후 생활할 수 있는 환경을 조성하는 기간으로 활용해야 한다. 소아·청소년의 경우 퇴원 후 학교 등교의 문제 등도 고민해두고, 환자가 잘 자고 잘 먹고 운동을 규칙적으로 하기 위한 환경을 만들어둘 필요가 있다. 입원은 짧고, 돌봄은 계속되기 때문이다.

정신과 입원은 크게 자의적 입원과 비자의적 입원으로 유형이 나뉜다. 정신건강복지법에 따라 환자 스스로 입원을 결정하는 자의입원과 환자가 입원에 동의하는 동의입원이 전자에 속한다. 대개 상상하는 보호입원, 또 지방자치단체에 의해 입원 과정이 진행되는 행정입원과 의사·경찰관의 동의를 받아 일시적 입원 과정이 진행되는 응급입원이 후자에 속한다. 보호입원의 경우 보호자 두 명의 동의와 서로 다른 의료기관에 소속된 두 전문의의 진단이 필요하다.

기본적으로 입원을 결정할 때는 진료받던 병원의 의사와 상담하고 환자와 의논하여 결정해야 한다. 여기서 가장 어려운 것은 병식病識[*]이 없는 환자가 스스로 입원을 결정하기 어렵다는 점이다. 그러나 필요에 따라 보호입원을 해야 하는 경우에도 입원 전에 환자에게 입원 사실을 알려주는 것은 중요하다. 우리는 대학로 거리를 오랫동안 걸으면서 나무와 이야기를 나눴고, 결국 나무의 동의하에 입원했다. 그 과정이 쉽지는 않았지만 기다리고 기다리고 인내했다. 당사자가 동의를 했어도 원망을 듣는 것이 보호자의 숙명이다. 그래서 항상 기억할 것이 입원의 목적이다. 나으려고 입원한다는 것. 입원은 짧고, 퇴원 후의 일상은 길다.

---

[*] 병식이란 자신에게 질병이 있다는 것을 인식하는 것을 말한다. 자신의 병을 인지하여 약을 잘 복용하고 스스로 치료에 참여해야 한다는 사실을 깨닫는 것이 병식이다. 환각과 망상, 와해된 사고 등 심각한 인지장애인 정신병의 특성상 병식을 가지는 것은 무척 어렵다.

조현병을
마주할 결심

"한참 자라는 시기잖아요. 뇌도 이 시기에 폭발적으로 자라거든요. 그래서 아이들은 몰라요. 이러다가 언제 그랬냐는 듯이 돌아오기도 하거든요, 성장통처럼."

의사는 말했다. 사람은 듣고 싶은 말만 듣는다더니, 이 말에 너무 큰 기대를 걸었나 보다. 구급차를 불러 다시 입원할 때도, 1인실에 입원할 때도, 안정실에 갈 때도, 금방 좋아질 거라고 굳게 믿었다. 하지만 1년 뒤에도 아이는 맞는 약을 찾지 못했고 증상은 지속되었다.

도대체 병명이 무엇일까? '조현병은 아닐 거야, 성장기에 잠깐 나타나는 증상일 거야.' 나는 주문처럼 되뇌었다. 조현병은 1개월에서 6개월까지 환청·망상 등 두 가지 이상의 주 증상이 지속될 때, 심리검사 결과와 관찰 소견을 종합하여 두 명 이상의 전문의가 진단한다. 때문에 첫 증상 발현 후 6개월은 중요한 시간이다. 그리고 이 기간 내 뇌파검사와 뇌 MRI검사 등 각종 뇌 검사를 진행한다. 뇌종양 등 다른 뇌질환으로 생긴 증상인지를 파악하는 것이 중요하기 때문이다. 만약 그렇다면 진단명은 달라지고, 그에 따른 치료도 달라져야 하니까.

심리검사는 지능검사·다면적 인성 평가MMPI와 같은 객관적 검사와 특정 그림·자극을 어떻게 해석하는지 분석하는 로르샤흐 검사Rorschach test 등 주관적 검사를 모두 진행한다. 병동에 갈 때면 아이의 머리맡에 못다 한 두꺼운 검사지가 있었다. 그 검사를 숙제하듯이 했다. 급성기에는 인지기능이 현격하게 떨어지기 때문에 심리검사에도 시간이 많이 걸린다. 아이는 발병 직후 지능검사에서 상위의 지능지수를 보였으나, 검사 때마다 지능은 떨어졌다. 집중력을 유지하기 어렵고, 인과관계를 통한 계획 수립·동기 부여·문제 해결을 담당하는 전전두엽의 기능이 떨어지는 조현병의 진행 때문이었다.

"조현병은 뇌가 골절되는 거라고 생각하시면 됩니다. 하지만 안타깝게도 뼈는 골절되면 더 튼튼해지지만 조현병은 이후에도 회복이 더디거나 원래 기능으로 회복되는 것이 상당히 어렵다는 게 차이예요." 의사는 말했다. 나무의 증상이 진짜 조현병일까? 나무는 발병 전으로 돌아갈 수 없는 것일까? 그토록 반짝이던 아이였는데. 우리는 현실을 받아들일 수 없었다.

　나무는 지금까지 감기 몇 번 앓은 걸 제외하면 너무나 건강했던 아이였다. 축구도 잘하고 공부도 잘하는, 총명하고 다정한 아이. 이 아이에게 어느 날 갑자기 엄마 아빠를 해치는 사람이 있다는 망상과 그 나쁜 사람들이 '나오라'고 말하는 환청이 들린다. 그리고 식은땀을 흘리며 아무것도 하지 못하는 극심한 불안이 생겼다. 게다가 약을 먹어도 가까운 사람이 똑같은 모습의 다른 사람으로 바뀌었다고 믿는 카그라스 증후군이 여전했다. 아이의 뇌 안에서 전쟁이 일어나고 있었다. 아직약물이 반응하지 않는 것인지 증상이 심한 것인지, 뇌가 아픈것인지 마음이 아픈 것인지, 도대체 알 수가 없었다.

✕

　조현병 진행은 뇌 기능을 급격하게 떨어뜨린다. 조현병이진행된 환자의 뇌 CT 촬영 사진을 보면 뇌실이 넓어져 있다는것을 알 수 있다. 조현병이 뇌 조직을 위축시키기 때문이다. 실제로 MRI로 촬영해보면 조현병 환자들은 기억·주의·판단·감정조절 등의 기능을 수행하는 전두엽과 측두엽, 뇌 중심부가 제대로 기능하지 못하는 것으로 나타난다고 한다. 그리고 뇌 변연계와 청각 피질은 기능 항진 현상이 일어나 환청을 듣는 증상을 유발할 수 있다고 한다. 어디는 제대로 기능하지 못하고, 어디는 너무 활성화되어 혼돈이 생긴다.

조현병 증상은 대개 다섯 가지로 분류된다. ① 망상, ② 환각, ③ 이해하기 힘든 혼란스러운 언어, ④ 심한 혼란이나 긴장증적 행동, ⑤ 빈약한 언어와 무감정·사회적 활동 위축. 이다섯 가지 증상은 왜곡된 정신기능이 외부로 표출되는 '양성 증상'과 정신기능이 결핍되어 나타나는 '음성 증상'으로 다시 구분된다. 그중 빈약한 언어와 무감정·사회적 활동 위축 한 가지만 음성 증상에 해당된다. 니무의 경우 대표적 양성 증상인 망상과 환청이 주 증상이었다. 명백한 조현병 증상이었다.

6개월의 시간은 속절없이 흐르고 모든 검사가 끝난 다음, 아이에게 진단이 내려졌다. 아이의 병명은 'F20.9 상세불명의 조현병Schizophrenia, unspecified'과 'F41.0 기타 불안장애_공황장애Panic disorder[episodic paroxysmal anxiety]'였다. 조현병, 이 세 글자가 내 가슴에 피멍으로 맺혔다. 아이를 낳고 만 11년 10개월 동안 단 한 번도 상상해보지 못한 병명이 선고되었다.

조현병 중에서도 아이가 진단받은 F20.9 상세불명의 조현병은 도대체 무엇일까? 정신장애의 진단 및 통계 편람에 따르면 조현병(F20)은 주 증상 형태에 따라 편집형·파괴형·긴장성 등 9개 세부 유형으로 나뉜다. 망상과 환청이 주 증상인 아이의 경우 편집·긴장 등의 증상이 없기 때문에 F20.9 상세불명의 조현병으로 진단이 나온 것이었다. 사실이 아닌 내용에 근거해 자신이 다른 사람이나 집단으로부터 피해를 받고 있다고 생각하는 망상이 주를 이루는 편집형으로 진단하기엔 무리가 있고, 움직이지 않거나 부자연스럽게 강직된 자세를 유지하거나 같은 동작을 계속해서 반복하는 긴장형 증상은 없는데다, 어린 나이에 발병한 환자여서 예의주시할 필요가 있어 '상세불명의 조현병'으로 진단한 것으로 추측됐다. 6개월 동안 부정하고 싶었던 사실, 조현병에 비로소 직면하게 된 것이다.

아이가 처음 진단을 받은 2008년 당시 조현병의 병명은 정신분열병schizophrenia이었다. 이는 1908년 스위스의 의사 블뢰러Eugene Bleuler가 명명한 병명이다. 당시 조발성 치매dementia praecox로 불리던 정신증이 조발성 치매와는 다른 예후를 보인다고 해서, '마음의 분열'을 의미하는 희랍어인 'schizophrenia'로 지었다고 한다. 조발성 치매는 65세 이전에 발병하는 치매로 인지기능저하·언어장애·운동장애 등이 주 증상이며 신경학적 검사와 뇌 MRI검사로 판별이 가능한 병이다. 한편 조현병은 망상과 환청이 주 증상이라 그 증상과 예후가 조발성 치매와 다르다. 그래서 조발성 치매와 구분하기 위해 새로운 이름을 붙였던 것이다. 이 희랍어를 일본에서 '정신분열병'으로 번역해서 사용했고, 한국에 그대로 전해져 사용됐다.

정신분열병이라는 병명이 환자에 대한 낙인과 편견을 강화하고, 치료에 부정적인 인식을 준다는 의견 때문에 정신분열병학회와 대한신경정신의학회가 공동으로 '정신분열병 병명개정위원회'를 결성한 것이 2008년 11월이었다. 위원회는 2010년 3월 조현증·사고이완증·통합증 등을 개정 병명 후보로 선정하고, 2010년 11월 의사와 환자가족을 대상으로 한 선호도 조사와 국립국어원의 자문을 거쳐 개정 병명을 '조현병'으로 최종 결정했다.

조현병의 조현調絃은 '현악기의 줄을 고르다'라는 뜻이다. 치료를 하면 현악기가 좋은 소리를 내듯 정상적인 생활이 가능하다는 의미와 치료를 통해 뇌신경망이 적절하게 조율돼야 한다는 뜻을 담은 것이다. 2009년 병명 개정 당시, 우리 가족이 참여하고 있던 환자와 환자 가족 커뮤니티 '아름다운 동행'에서는 병명 개정에 대한 의견을 모았다. 조현병이라는 이름이 직관적으로 이해하기 어렵다는 회원도 있었지만, 개정 병명 후보군 중에서는 가장 낫다는 의견이 많았다. 병명 개정을 위한 서명운동도 했다. 커뮤니티는 3689명의 서명이 담긴 서명서를 대한정신분열병학회에 보냈다.

병명이 개정되자, 환자와 환자 가족들은 정신분열병에 대한 오해와 편견이 줄어드리라 기대했다. 하지만 정신증에 대한 사회적 편견은 여전히 단단했다. 아니, 더 강화되었다. 연일 보도되는 조현병 환자의 강력 범죄 기사를 접할 때마다 환자와 환자 가족들은 어디론가 숨고 싶다. 가슴에 박힌, 조현병이라는 주홍글씨를 들킬까 봐.

✕

첫 입원을 하고 1년이 지난 2009년 4월, 아이는 또다시 입원했다. 나는 동네 미장원에 들렀다.

"삭발해주세요."

나의 주문이었다. 시간이 지나면 멀쩡하게 돌아오는 경우도 있다고 했는데, 일시적인 성장통일 수도 있다고 했는데, 기적은 일어나지 않았다. 그래서 머리를 밀기로 했다. 뭐라도 해야 할 것 같아서. 기도밖에는 할 수 있는 것이 없어서. 그리고 신에게 따져 물으려고.

이발이 끝나고 머리를 감느라 누워 있었다. 그때 얼굴 위로 따듯한 것이 떨어졌다. 미용사의 눈물이었다.

"20년 넘게 미장원 하면서 여자 손님 머리 밀어보는 건 처음이에요. 무슨 사연인지 모르지만 잘되길 바랄게요."

그 눈물의 온기가 아직도 뺨에 남아 있다. 그런 마음 덕분에 18년을 버틸 수 있었다, 다정한 마음들 덕분에.

정신질환에 대해 더 자유롭게 말하기 위하여

한국에서 조현병으로 진료받은 환자는 12만 979명(2023년 기준)으로, 여성이 56퍼센트, 남성이 44퍼센트를 차지한다. 연령별로는 20대가 가장 많으며 60대 이상까지 고르게 분포하고 있다. 40, 50대 중년이 차지하는 비율이 전체 환자의 45퍼센트이다.✢ 조현병의 유병률 1퍼센트보다 보수적으로 추정한다 하더라도 한국에 30~40만 명 정도의 조현병 환자가 있을 것으로 전문가들은 예상한다. 따라서 진료받은 환자와 유병률 사이의 차이를 보면 조현병을 가지고도 병원 진료를 받지 않은 환자가 상당한 것으로 추측된다. 이는 여전히 정신병원에 대한 사회적·심리적 문턱이 높다는 것을 방증한다.

누구나 정신병에 걸릴 수 있다는 인식이 부족하고, 정신병은 마음만 강하게 먹으면 이겨낼 수 있는 질병 아닌 질병이라는 인식이 강하고, 정신병원 진료 기록이 있는 순간 사회적 낙오자가 된다는 인식이 낳은 결과이다. 편견은 오해를 낳고, 오해는 치료받지 못한 정신질환자를 낳는다. 우리 사회에서는 질환에 대한 이야기가 더 활발해져야 할 필요가 있다.

✢ 건강보험심사평가원 통계자료, 2023.

다음은 우리 가족이 도움을 받았거나 받고 싶은 다양한 커뮤니티를 소개한다. 조현병이라는 병명 앞에서 숨게 되는 마음을 위로해주고 치료 정보를 공유하는 한편, 사회적 편견과 복지 시스템의 사각지대에서 병과 함께 살아갈 지혜를 나누는 공간이다.

① 다음 카페 '아름다운 동행'

조현병 당사자와 그 가족이 회원으로 활동하는 온라인 카페. 조현병 입원 과정, 약물과 병원 정보, 일상회복, 진로 정보 등을 공유한다. 병명 개정 운동에 참여하여 정신분열병에서 조현병으로 개정하는 데 기여했다. 우리 가족도 발병 초기 이 카페에서 많은 정보를 얻고 도움을 받았다. 나무의 첫 보호병동 입원 후 밀려든 슬픔 마음을 이곳에서 위로받았다. 나는 이 카페에서 병명 개정 활동에 참여했고, 오프라인 모임에서 완화 상태에 있는 당사자 청년을 만났고, 당사자 가족들과 지지 모임을 가졌다. 깜깜했던 시기에 우리의 든든한 벗이 되어주었다.

② 네이버 카페 '코리안매니아'

조현병뿐 아니라 양극성기분장애(조울증)·우울증 등 다양한 정신질환 당사자와 그 가족들의 커뮤니티. 병원·약물·정신건강 등 다양한 정보를 공유하고, 문학 모임 같은 당사자 소모임과 오프라인 지지 모임 등을 만들어 당사자의 일상생활 관리와 동료적 치료 지원을 한다.

③ (사)대한정신장애인가족협회

1995년에 설립된 정신장애인의 직업재활을 지원하고 정신장애에 대한 인식 개선 홍보를 하는 보건복지부 등록 비영리단체. 전국 5개 지역에 16개 지부 253개 가족회로 구성되어 있다. 언론과 인터넷 매체의 정신장애인에 대한 편견 등을 모니터링하고, 인식 개선 홍보 사업과 정신질환자 가족 대상 교육·문화 프로그램을 운영한다.

④ 한국조현병회복협회(심지회)

조현병으로 투병 중인 당사자와 가족, 자원봉사자들의 단체. 2018년 서울시에 등록한 비영리단체로 당사자 및 가족 대상의 교육과 상담, 당사자의 권리 신장과 인권 옹호, 차별을 줄이기 위한 제도 개선 사업 등을 한다.

⑤ 정신장애인가족지원활동가협회

보건복지부 산하 공공기관에서 전문 교육과 훈련을 받고 현장에서 활동하는 정신장애인 가족 중 활동가들이 모인 단체. 2019년부터 정신질환자 당사자와 가족이 지역사회에서 일상을 살아가도록 지원하고 있다.

⑥ 한국정신장애인연합회

2022년 창립한 정신장애인자립생활센터 연합회. 한국정신장애인자립생활센터, 송파정신장애동료지원센터, 마포정신장애인자립생활센터, 동대문구 정신건강복지센터 등 서울시 지원을 받고 있는 센터와 부산·경남·광주 등 지역 내 정신장애인자립생활센터가 참여하고 있다. 당사자의 자기 결정권 우선적 보장, 당사자 중심의 서비스 확대, 정신건강 복지시스템의 개선, 당사자가 필요로 하는 정책·제도의 개발, 동료활동가 양성, 지역사회 중심의 자립 생활 권리 확보 등을 위해 활동한다.

⑦ 정신장애와 인권, 파도손

2013년 조현병 당사자의 인권 증진을 위해 당사자들이 주축이 되어 만든 모임. 정신장애인의 권익 보장과 복지 증진, 삶의 질 향상을 목적으로 활동하고 있다. 당사자들의 자조 모임과 문화 예술 활동으로 장애 예술인을 발굴하고 장애인을 위한 인식 개선 활동을 한다. 또한 비자의 입원 단계에서 당사자가 자기결정권을 행사할 수 있도록 동료활동가들이 도와주고, 입원 상태에 있는 당사자들을 상담하고 지지하는 활동을 한다.

⑧ 설악어우러기

2019년 강원도 속초 지역에서 당사자와 그의 가족들이 만든 모임. 조현병에 관한 오해와 편견, 낙인에 대한 인식 개선 활동과 함께 정신장애인 일자리 창출을 위한 예비사회적기업을 운영하고 있다.

망상 씨, 환청 씨와
함께 사는 법

"표현할 언어가 존재하지 않는다는 것은 그에 관련된 이해도 없다는 뜻이다. 그리고 장애와 관련한 경험들은 단어에 굶주려 있다."⊹

누군지 기억나지 않지만 언젠가 내게 《부모와 다른 아이들》을 꼭 읽어보라고 권했던 이가 있었다. 나는 장바구니에 넣어두었다가 비싼 책값에 머뭇거렸다. 이후 도서관에서 대출하려고 했으나 대출 중이어서 읽기를 미뤘다. 그러다 지금

⊹ 앤드류 솔로몬 지음, 고기탁 옮김, 《부모와 다른 아이들 1》, 열린책들, 2015년, 26쪽.

읽고 있는 책, 《타인을 듣는 시간》에서 결국 이 문장을 만난 것이다. 만날 사람은 언젠가 만난다더니, 만날 문장도 어디선가 만나는 법인가.

나무가 조현병 진단을 받은 지 18년, 그동안 나는 조현병을 오랫동안 공부해왔다. 약물에 대해 조사하고, 증상과 예후에 대해 공부했고, 병원과 의료진 정보를 찾아보았다. 하지만 나는 여전히 조현병이 어렵다. 아니, 아이의 증상이 '이해되지 않는다'는 것이 정확한 표현이다. 병원을 옮긴 뒤 약을 줄이고 있는 아이는 자주 불안해한다. 불안의 깊이는 얕으나 주기는 짧고, 불안의 시간은 길다. 잠에 드는 시간도 늦어졌다. 적응기인가. 좀 더 지켜볼 일이다.

'쏘리 쏘리'에 맞춰 춤을 추던 열세 살의 나무는 이제 서른이 되었다. 그는 지금까지 본인의 망상에 대해서 구체적으로 이야기한 적이 없었다. 지난 추석 전날, 나무는 주방에 있는 내게 다가와 이렇게 말했다.

"내가 왜 불안하냐면요, 이 세상과 똑같이 복제된 세상이 있을 것 같아서 불안해요. 거기에는 엄마와 똑같이 생긴 사람이 엄마 행세를 하고 있을 것 같아서. 예를 들어 '윤서'가 아니라 '윤미'가 있어서 가짜 엄마가 내 엄마 행세를 할까 봐, 그래서 불안한 거예요."

나무는 거의 처음으로, 스스로 불안을 꺼내 보였다. 나는 천천히 답했다.

　"그건 망상이야. 이 세상은 하나이고, 너도 나도 유일하고 개별적이고 고유한 존재야. 불안하겠지만 그럴 때는 이건 망상이라고 생각해."

　이렇게 말하지만 나는 이 청년의 불안을 알지 못한다. 세상이 사라지는 것 같은 절대적 불안, 가장 사랑하고 의지하는 존재가 사라질 것 같은 두려움, 그것을 짐작조차 못 한다. 그럼에도 불구하고, 나는 자꾸 말해야 한다. 이런 증상으로 힘든 사람도 있다고, 이 불안에 사로잡히는 시간에는 아무것도 할 수 없는 사람이 있다고, 겉보기에 건장한 체격의 청년이 이런 증상으로 일상생활이 어려울 때가 있다고.

　나무는 다음 날 숙모에게 전화했다. "어제는 제가 불안해서 죄송했어요. 추석 잘 보내세요, 숙모." 기특한 청년. 그는 자신의 증상 때문에 불편해했을 가족들을 기억했다. 불안이 사라졌을 때는 무언가를 부지런히 하고, 끊임없이 질문하고, 관심사가 수시로 바뀌는 바쁜 청년. 이 불안 안에서도 이 사람은 생을 꾸리고 자신을 돌보면서 살아간다.

　나는, 나와 조금 다른 이 사람의 세계를 알아갈 것이고, 단어가 굶주리지 않도록 자꾸자꾸 말할 것이다. 이런 사람이 살고 있다고. 여기 살고 있다고.

$$\times$$

'그의 연구실은 온통 신문과 잡지로 도배되어 있다. 빈틈이 없다. 그는 비밀 암호를 풀어내야 한다. 윌리엄이 지시한 것이다. 복도 반대편에서 검은색 양복을 입은 남자들이 쫓아온다. 그들은 소련 스파이다. 그는 도망친다. 그는 잡힌다.' 영화 〈뷰티풀 마인드〉(2001)의 한 장면이다. 윌리엄은 그의 망상 속에 존재하는 가상 인물. 소련 스파이도 그의 망상 속에서만 존재한다. 그는 존 내쉬John Nash다. 존 내쉬는 '균형 이론'[*]으로 노벨경제학상을 받은 수학자이자 경제학자다. 그는 프린스턴대학교에 다닐 때부터 조현병 증상을 가지고 있었다. 오랫동안 정신병원에 입원했고, 더 오랫동안 조현병을 가지고도 연구하고 가르쳤다. 그의 주 증상은 망상이었다.

망상, '이치에 맞지 아니한 망령된 생각을 함'이라고 표준국어대사전은 정의하고 있다. 존 내쉬처럼 나무에게도 망상이 있다. 엄마 아빠가 가짜라는 망상, 이 지구상에 나와 똑같은 모

---

[*] 수요와 공급 같은 경제적 요인들의 상호관계가 균형을 이루며 안정될 수 있는 조건을 분석하는 경제 이론.

습을 한 사람이 또 있을 거라는 망상이다. 망상은 조현병 환자의 가장 주요한 증상으로, 아무리 비합리적이고 비현실적인 내용이라도 논리적으로 정교하게 만들어 환자가 이 망상 내용을 사실이라고 확신하게 한다. 환자는 망상이 잘못된 생각이라는 것을 받아들일 수 없다. 그에게 망상은 이미 명백한 '사실'이기 때문이다. 그는 자꾸 망상에 빠진다. 그리고 망상은 점점 더 정교해진다.

조현병 환자가 망상에 빠져 있을 때, 망상 내용으로 논쟁하지 말아야 한다. 대신 "아, 그렇게 생각하는군요"라며 가볍게 넘어가거나 "저녁에는 뭘 먹을까?"라며 자연스럽게 다른 주제로 전환하는 것이 좋다. '그것은 망상이다' '당신의 생각은 틀렸다' 같은 식으로 토론하면 망상을 더 정교화할 수 있다. 조현병 환자의 망상 내용은 개인마다 천차만별이다. 흔한 것이 과대망상으로, '내가 예수다' '내가 재벌 2세다' 같은 망상을 가진 환자들이 많다. 그리고 '누군가 나를 괴롭히거나 해치려 한다' '나를 미행한다'라고 생각하는 피해망상이 있다. 또 종교적 체험을 믿는 종교망상이 있다. 그래서 정신병동에 입원할 때는 십자가·묵주·염주·성경책·불경 등 종교를 연상하는 물건을 가지고 들어갈 수 없다. 환자의 망상을 더 정교하게 할 수 있고, 환자들끼리 망상을 두고 논쟁하다가 다툼이 일어날 수 있기 때문이다. 과대망상·피해망상·종교망상 외에도 망상의 종류는 다양하다. 그리고 환자마다 자신의 경험에 따라 망상 서사가 만들어지기 때문에 망상의 내용은 모두 다르다.

망상은 대개 환청과 함께 온다. 환각은 망상과 함께 조현병의 주요 증상이다. 환시·환촉 등도 있으나 환각 중 가장 높은 비중을 차지하는 것은 환청이다. 다른 사람들이 듣지 못하는 소리, 환자의 행동을 지시하거나 간섭하고 지적하는 내용인데, 한 사람보다는 여러 사람이 말을 주고받는 소리가 들리는 것이 특징이다.

망상 안에서 소리가 들린다. 환자에게 이 소리는 진짜다. '나와, 나와.' 엄마 아빠를 해치려는 나쁜 사람들이 나오라고 계속 소리친다. 나무는 아직도 가끔씩 이 소리가 진짜인지 묻는다. "엄마 괴롭히는 사람들 없죠?" 나는 아니라고, 그 누구도 엄마 아빠를 괴롭히지 않는다고 말한다. 아니라고 해도 환청이 들리자 불안이 뒤따라오는 모양이다. 나무는 거실을 오간다. 왔다 갔다를 무한 반복한다. 길면 7시간, 짧으면 2시간 동안 왔다 갔다 한다. 밤이 온다. 밥이 식는다. 그렇게 하루가 간다.

환청에는 환자 스스로 만들어낸 소리를 억제하지 못하는 '수반 발사 이상'과 자신이 만들어낸 마음의 소리를 더욱 강렬한 소음으로 전환하는 '원심성 신경 복사 이상'이 있다고 한다. 이는 환청이 있는 조현병 환자와 환청이 없는 조현병 환자 각각 20명의 뇌파를 측정한 결과 알아낸 연구 결과[*]라고 한다. 즉, 환청은 뇌의 운동 명령 신호와 감각계 사이의 불균형에서 기인한다. 조현병 환자들이 마음속 소리를 억제하지 못하고 혼잣말을 하는 것도 이 때문이다. 또 환청이 들리는 조현병 환자는 원심성 신경 복사에도 이상이 있어 자신이 만든 감각과 외부로부터 들어온 감각을 혼동한다. 자신의 마음의 소리를 더 강렬한 신호로 받아들이는 오류가 일어나면서 환청을 듣게 되는 것이다. 이 모든 게 뇌의 문제, 더 구체적으로는 뇌신경계의 문제로 생기는 증상이다.

나무는 혼잣말을 하며 거실을 오간다. 나무는 침대에 가만히 누워서 환청을 듣지 않으려고 애쓴다. 저녁 약을 일찍 먹고 눕는다. 환청이 멀리 달아나고 불안도 덩달아 달아나면 나무가 일어나서 배고프다고 한다. 아니면 밥은 내일 먹겠다며 그냥 잠든다. 이렇게 또 하루가 간다. 어제보다 환청이 덜 들리고, 불안이 덜했다면 퍼펙트한 날이다.

증상이 처음 발현했을 때, 어린 나무가 망상에 사로잡히고 환청에 괴로워하고 불안해할 때, 나와 남편은 나무를 붙잡고

-¦- 문세영, 〈망상·환청 부르는 조현병 정복 가능할까〉, 《동아사이언스》, 2024년 10월 7일.

설득했다. 그게 왜 망상인지 자세히 설명하면서 나무와 망상 내용으로 오래 대화를 나눴다. 그랬더니 망상은 점점 정교해졌다. 지금 우리는 나무가 망상과 환청으로 불안해하면 "저녁 비타민* 일찍 먹을까?" 또는 "피곤한가 보구나. 좀 쉬어"라고 말한다. 우리 가족들은 텔레비전을 끄고 각자 자기 방에 들어가 조용히 머문다. 그게 나무를 도와주는 것이기 때문이다. 만약 외출했을 때 증상이 발현하면 나무는 택시를 타고 서둘러 집에 온다. 또 식당에 들어가 메뉴를 시켜 앉았더라도 죄송하다 말하고 최대한 빠른 시간 내에 집으로 돌아온다. 나무에겐 집이 가장 안전한 공간이다.

증상의 발현을 예측할 수는 없지만, 망상과 환청이 심해지는 때가 있다. 주로 계획한 일이 되지 않았을 때, 많은 사람들이 있는 복잡한 곳에 머물렀을 때, 자신이 부족하다고 느꼈을 때 망상과 환청이 심해진다. 불안이 따라오는 건 기본이다. 환청도 내면의 소리가 실제처럼 들리는 것이기 때문에 나무가 만족스러운 하루를 보냈을 때는 환청이 들리지 않거나 환청이 들리더라도 환청을 견딜 만하다. 그래서 일상을 유지하는

✛ 나무는 약이라고 생각하면 매일 먹기 힘들다고, 약을 '비타민'이라고 부른다. 역시 이름 짓기는 중요하다.

것이 좋다. 오늘 하루를 잘 보냈다는 만족감, 내가 괜찮은 사람이라는 자존감이 중요하다. 조현병을 가지지 않은 사람에게도 자존감은 중요하지만 조현병 환자에게 자존감은 치료를 위해 특히 중요하다(물론 환자에게 맞는 약물을 꾸준히 복용하는 것은 기본이다). 우리는 나무가 자존감을 가지고 살아가도록 지원한다. 하루에 하나씩 뭔가를 하고, 작은 성취를 맛볼 수 있게 돕는다.

일본 홋카이도 우라카와 마을에 있는 '베델의 집'에서도 환청과 망상은 숨길 게 아니다. 45년 동안 정신장애인 130여 명이 마을 주민들과 함께 살고 있는 베델의 집에서는 매년 '환청·망상 대회'를 한다. 1979년 알코올중독자를 위해 생긴 이 공동체는 인근 정신병동에서 장기입원하고 퇴원한 환자들이 모여들면서 조현병 환자 공동체가 되었다. 조현병 증상을 자연스럽게 받아들이고, 서로 좀 다르지만 함께 살아가자는 게 이 공동체의 지향이다. 예를 들어, '환청에서 환청 씨로' '편견·차별 대환영' '자신의 병 자랑하기' 등이 베델의 집의 고유한 철학이다. 여기서 당사자들은 자기 증상을 숨기지 않고, 스스로를 돌보며 할 수 있는 일을 할 수 있는 만큼 한다. 그들은 주로 다시마 포장을 하거나 베델의 집에서 운영하는 카페에서 일한다. 또 조현병 인식 개선 강사로 활동하기도 한다. 이 공동체에서는 조현병도 '개성'으로 본다. 좀 다른 것일 뿐, 그저 다른 삶의 형태라는 것. 망상이나 환청도 조현병이 없는 사람들이 가지지 않은 특성이라는 것이다.

베델의 집에서 본떠, 우리 집에서도 환청과 망상을 각각 환청 씨, 망상 씨라고 부른다. 영영 가지 않을 거면 불청객을 맞이하자는 것이다, 환대까지는 아닐지라도. 나무의 망상이나 환청이 약하게 올 때, 혹은 증상이 지나간 후에 농담을 주고받는다.

"아까 환청 씨 왔다 갔나 봐."

"응. 이젠 그만 오면 좋을 텐데."

이제 나무도, 우리도 적응하고 있다. 망상과 환청도 견딜 만하니까, 이제 망상이고 환청이라는 것을 아니까 말이다. 망상 씨, 환청 씨, 우리 자주는 말고 이따금씩 만나요.

완치는 없다,
완화만 있을 뿐

조현병은 치료할 수 있는 병일까? 그렇다. 조현병은 완치할
수 있는 병일까? 아니다. 완치란 없다. 완화만 있을 뿐이다.

현대의학에서 조현병 치료의 기본은 약물이다. 과거에는
조현병 치료를 위해 피를 뽑고 새 피를 수혈하여 뇌의 열을 식
혀야 한다고도 했고, 전전두엽 절제술로 조현병을 치료해보
겠다고 두뇌를 열고 외과 수술을 하기도 했다. 그 결과는 처참
했다. 오랫동안 불치병으로 인식되었던 조현병은 신약 개발
로 인해 치료 가능한 병이 되었다. 항정신병 약물antipsychotics
을 복용한 조현병 환자 중 70퍼센트가 개선된다.

나무가 첫 입원을 했을 때 주 치료제는 리스페리돈Risperidone과 자이프렉사Zyprexa였고, 보조 치료제는 리보트릴Rivotril 이었다. 자이프렉사 다음으로 리스페리돈과 아빌리파이Abilify 를 혼용했고, 그다음에는 신약 개발 임상실험에 참여했다. 하지만 그 약들은 나무의 불안과 의심, 환청과 망상을 줄여주지 못했다. 나무는 모든 게 엄마가 약을 먹여서 그런 거라고 나를 원망했다. 자신은 아프지 않다고 했다. 생각이 엉키고 몸이 무겁고 그럴 때마다 화를 냈다. 의료진은 조현병 치료제 중에서 '마지막 약'으로 불리는 클로자핀Clozapine을 써보자고 제안했다. 1995년부터 국내 판매가 시작된 클로자핀은 치료저항성 환자에게 사용하는 약물이다. 클라자핀은 효과가 가장 높은 치료제이지만 125분의 1 확률로 백혈구 수치를 감소시키는 치명적인 부작용이 있고, 실제로 투약 부작용으로 인한 사망 사례가 있었기 때문에 신중을 기해야 하는 약이다. 그럼에도 불구하고 우리는 클로자핀 투약에 동의했다. 다른 선택지가 없었기 때문이다.

><

우리는 나무에게 새로운 치료약에 관해 설명했다. 나무는 누구보다 약물에 대해 신중했다. 약을 바꾸기 위해 다시 입원해 있을 때, 나무는 약물에 대해 설명하는 전공의에게 "이 약,

미국식품의약국^{FDA} 승인받은 건가요?"라고 물었다. 어린 나이에 아픈 아이가 FDA를 어떻게 알았을까? 그만큼 나무는 약물에 대해서 당사자로서 신중하고 예민했던 것이다. 의료진은 클로자핀을 조금씩 증량하면서 백혈구 수치를 모니터링했다. 다행히 백혈구 수치는 정상 범위에 있었다. 약을 계속 증량했다, 600밀리그램까지. 투약할 수 있는 최대치였다. 의료진은 최대 용량을 투약해 증상을 잡은 다음, 약을 줄이는 계획을 세웠다. 아침저녁으로 하루 두 번 약을 먹는데, 가장 많을 때는 저녁 약이 보조 치료제까지 포함해 16알이었다.

클로자핀은 효과가 있었다. 나무의 환청과 망상이 줄었고, 등교해서 책상에 조금씩 앉아 있을 수 있었다. 하지만 부작용도 있었다. 진정작용으로 인한 야뇨 증상이 생겼다. 도저히 잠에서 깨어날 수 없었던 것이다. 그리고 거의 모든 조현병 치료제가 그런 것처럼 입이 마르는 구갈증과 소근육 운동장애가 생겼고, 침을 흘리고 발을 끌면서 걷고 12시간 이상 잠을 자고 식욕과 체중이 급격히 증가했다.

나무는 약 먹는 걸 힘들어했다. 부작용 때문에 몸이 처지고, 자고 일어나면 야뇨를 한 자신을 확인하고, 점점 살이 찌고, 무엇보다 멍한 시간이 많고, 오랫동안 자야 하는 모든 변화를 힘들어했다. 증상도 약 때문이라고, 울며 약을 안 먹겠다고 했다. 매일이 전쟁이었다. 게다가 증상이 잡히는 것은 더디고 부작용은 크니까 아이가 더 괴로워했다. 그리고 아프기 전의 자신의 모습을 기억하고 있기 때문에 더더욱 그랬다.

우리는 냉장고에 포도송이 모양의 스티커 판을 붙여두고 약 먹으면 스티커를 하나 붙이고, 운동하면 또 하나 붙이는 식으로 일주일을 보냈다. 그러면 주말에 먹고 싶은 걸로 보상을 하거나, 하고 싶은 걸 하게 했다. 짜증을 내면 설득하고, 울면 달래고 그러면서 약을 먹게 했다. 맞는 약을 찾느라 여러 번 입퇴원을 반복하면서 점차 나무도 약을 먹어야 한다는 것을 알게 되었다. 자신이 예전 같지 않다는 것을 알고 있었고, 약을 먹지 않으면 다시 입원할 수 있다는 것도 알고 있었다. 그래서 울면서, 짜증 내면서 약을 먹었다. 그래도 입원해 클로자핀을 쓰고 난 후 증상이 잡히면서 조금씩 나아지니까 약물 순응도가 좋아졌다.

그렇다고 나무가 약물치료만 한 것은 아니다. 약물치료로 어느 정도 증상이 잡히고 난 뒤에는 인지행동치료를 병행했다. 그리고 보조 치료법으로 전기경련치료Electroconvulsive treatment, ECT도 받았다. 후술하겠지만, 일본에 간 나무의 자의적인 단약으로 인한 재발 상황이었다. 처음에 의료진이 전기경련치료 방법을 쓰자고 했을 때 영화 〈뻐꾸기 둥지 위로 날아간 새〉(1977)의 한 장면이 생각나면서 '이걸 하는 게 아이를 위하는 일인가? 다른 방법은 없나?' 하고 고민했다. 하지만 바다 건너 일본에서 재발한 터라 빨리 서울로 데리고 와야 하는 상황이었고, 클로자핀을 원래 먹던 용량까지 높이려면 6개월을 기다려야 했기 때문에 선택의 여지가 없었다.

그때도 나는 열심히 검색했다. 전기경련치료는 전신 마취를 하고 1분 동안 환자 머리에 전기를 흘려 인위적인 경련을 일으킴으로써 뇌의 신경전달물질에 변화를 주는 치료법으로 12~20회는 해야 효과가 있다고 한다. 전신마취에 대한 부담이 있으나 어쩌겠는가, 좋아진다는데. 이것밖에는 선택지가 없다는데. 나무는 증상이 재발한 2015년 일본에서 12회, 재발 후 다시 클로자핀을 증량하고도 증상이 잡히지 않은 2017년에 16회의 전기경련치료를 받았다. 그 결과, 재발 후 갑자기 생긴 틱 증상이 없어졌고, 조현병 증상도 완화되었다.

✕

치료 과정에서 의료진과 신뢰 관계를 형성하는 것은 중요하다. 조현병은 암이나 기타 질병과는 다르다. 조직을 도려내고 암세포 종류에 따라 항암제를 사용하는 프로토콜이 존재하지 않는다. 의료진과 환자, 보호자가 소통하며 환자의 증상을 파악하고, 약물치료에 대한 반응을 관찰하고, 그 결과에 따라 약물을 조절하는 과정을 반복해야 한다. 그래서 '좋은' 의료진을 만나는 것은 조현병 치료에서 특히 중요하다.

게다가 조현병은 그 증상이 사람마다 다르다. 조현병은 단일한 질병이 아니라 스펙트럼이다. 증상의 정도도 각자 다르고, 환청이나 망상의 내용도 다르고, 환자가 반응하는 지점도 제각각이다. 약물에 대한 반응도 그렇다. 어떤 환자는 한두 알의 약으로 호전되고 재발도 일어나지 않는다. 어떤 환자는 주치료제와 보조 치료제까지 하루에 10여 알의 약을 먹고도 혈중농도를 유지하지 못해 주사를 맞아야 한다. 조현병 치료에는 완치도, 정답도 없다. 그래서 인내심을 가지고 환자를 지지하고, 치료에 대한 반응을 관찰하면서, 환자의 일상이 유지되도록 지원해야 한다. 언제 끝날지 모르는 이인삼각 경기를 뛰는 것이 조현병 치료다.

원인을 알면 치료가 용이할 텐데, 도대체 조현병의 원인은 무엇일까? 뇌의 기능은 약 1000억 개의 뉴런과 그보다 10배 많은 1조 개의 신경교세포가 수행하는데, 이 뉴런과 신경교세포의 교란으로 생기는 병이 조현병이다. 뇌는 미지의 영역이다. 닿기 어려운 위치에 있기 때문에 다른 신체 부위에 비해 의학 연구가 뒤처져 있다. 명확한 것은 조현병이 마음의 병이 아니라 뇌의 병이라는 것이다. 귀신 들린 것은 더더구나 아니다. 심리적인 어려움은 조현병의 촉발 요인이지 원인이 아니다. 사랑을 많이 받고 자라면 조현병이 발병하지 않고, 안정적인 환경에 있으면 발병하지 않는 것이 아니다. 조현병은 기질적으로 취약한 뇌가 스트레스 상황을 만나 발병하는 질환이며, 100명 중 한 명은 인생에서 만나는 질병이다.

의사는 말했다. "당뇨병 걸리면 당뇨약 먹는 것처럼, 고혈압이면 혈압약 먹는 것처럼 그렇게 조현병 약도 평생 먹는다고 생각하세요." 조현병 환자의 3분의 1은 완화되고, 또 다른 3분의 1은 입퇴원을 반복하더라도 일상생활이 가능하고, 나머지 3분의 1은 예후가 좋지 않은 만성질환자가 된다고 한다. 우리의 목표는 '완화'였다. 하루하루가 칼끝 위에 있어도, 경제적으로 허덕여도, 나무의 원래 모습을 꼭 찾아주고 싶었다. 나무는 자신을 사랑했고, 아프기 전의 자기 모습을 기억하고 있었다. 나무의 치료에 있어서 어쩌면 '자존감'이 가장 효과적이었는지도 모른다. 자신을 사랑하는 마음 그리고 사람들의 존중과 지지를 수용하는 감각이 증상을 완화하는 데 가장 중요한 치료제가 아니었을까.

맞는 치료약을 찾아서

최근 뇌과학 연구가 진전하면서 조현병에 대한 오해가 풀리고 있다. 국립법무병원 법정신의학소 연구팀이 조현병 환자의 뇌를 살펴본 결과, 생각·지각·감정을 조절하는 신경전달회로가 손상돼 언어에 관여하는 영역의 연결성이 떨어진다는 것을 확인했다고 한다.[*] 이것은 조현병 환자가 언어로 말하고 이해하는 기능은 문제가 없지만 이를 연결하는 신경전달회로 내부의 미세구조가 손상되었다는 것을 말한다. 그 결과 실재하지 않는 음성을 듣거나 반응하는 환청 증상이 오는 것이라고. 즉, 조현병은 심리적인 병이 아니라 뇌의 병이라는 것이다.

하지만 조현병의 원인은 아직 명확하게 밝혀지지 않았다. 다만 여러 가지 원인이 복합적으로 작동한다는 것, 그리고 심리적인 병이 아니라 뇌의 질환이라는 정도만 밝혀졌을 뿐이다. 그리고 소아의 경우 뇌의 기능적 문제가 더 강력하게 작용한다는 것 정도를 알아냈다. 뇌는 아직 알아가야 하는 미지의 신체다.

귀신 들렸다고 두들겨 패고, 기도로 치유받을 수 있다고 감

---

[*] 최지현, 〈조현병 환자 괴롭히는 환청, 뇌 속 원인 찾았다〉, 《코메디닷컴》, 2024년 5월 23일.

금하고, 전두엽을 도려내면 낫는다고 머리를 열어 수술하고, 조현병은 그렇게 치료될 수 있는 병이 아니다. 병은 알아야 한다. 알고 제대로 된 치료를 해야 한다.

국립정신건강센터에 따르면, 조현병은 뇌신경전달물질 불균형을 교정해주는 치료약을 복용하면 증상이 완화될 수 있다. 조현병 치료의 핵심은 재발을 예방하는 것인데, 꾸준한 약물치료가 재발을 막는 주요한 방법이다. 물론, 환자마다 그 증상과 약물 반응도가 다르기 때문에 주치의와 상의하며 환자에게 맞는 약물을 찾는 과정이 중요하다. 나무도 맞는 치료제를 찾기까지 지난한 과정을 거쳤다. 나무가 처방받고 복용한 대표적인 조현병 치료제를 몇 가지 소개한다.

① 리스페리돈(Risperidone)
조현병(소아조현병 포함)·양극성기분장애·파괴적 행동장애의 치료에 사용되는 비정형 조현병 치료제(2세대 항정신병 약물). 체중 증가, 지연성 운동장애, 변비, 위장장애, 시야 흐림 등의 부작용이 있을 수 있다. 주성분은 리스페리돈이다.

② 자이프렉사(Zyprexa)

조현병·양극성기분장애 치료에 사용되는 비정형 치료제. 체중 증가, 식욕 증가, 졸림, 변비, 입 마름, 무기력, 기립성 저혈압, 소화불량 등의 부작용이 있다. 제형으로는 복용하는 약물과 주사제가 있다. 주성분은 올란자핀(Olanzapine)이고, 상품명은 자이프렉사, 자이레핀, 뉴로자핀, 올란자, 올란자핀 등 다양하게 나와 있다.

③ 리보트릴(Rivotril)

운동신경의 과도한 신경전달 반응을 억제하는 약. 발작·공황장애·근육경련성 질환·수면장애 등의 치료, 편두통 예방, 구강작열감 완화 등에 사용한다. 졸음, 주의력 결핍, 어지러움, 입 마름 등의 부작용이 나타날 수 있다. 주성분은 클로나제팜(Clonazepam)이다.

④ 아빌리파이(Abilify)

조현병, 양극성기분장애와 관련된 조증·혼재 삽화, 자폐장애와 관련된 과민증, 뚜렛장애 치료 등에 사용되는 약물. 저용량에 효과를 보인다고 알려져 있으며, 지연성 운동장애 같은 부작용이 적게 보고되고 있다고 한다. 체중 증가, 졸음, 성기능 약화, 운동기능 장애 등 부작용이 있을 수 있다. 주성분은 아리피프라졸(Aripiprazole)이다.

⑤ 클로자릴(Clozaril)

조현병 치료에 사용되는 비정형적 항정신병 약물로 양극성 기분장애 치료에도 사용된다. 과립구감소증의 위험이 있지만 조현병 치료에 매우 효과적인 약물로, 백혈구 수 검사 및 호중구 검사를 전제로 처방이 승인된다. 과립구 감소증, 장폐색, 뇌전증과 같은 부작용이 있을 수 있다. 타액 과다분비, 체중 증가 등의 부작용도 보고되고 있다. 주성분은 클로자핀(Clozapine)이다.

돌봄을
나눌 수 있다면

첫 입원을 하던 때는 아이가 초등학교 6학년 올라가던 2008년 4월이었다. 우리 가족은 치료에 도움이 될까 해서, 아니 이 현실에서 도망치고 싶어서 2008년 5월 이사를 결정했다. 이는 대장암 말기 진단을 받은 시어머니와 분가를 한다는 의미이기도 했다.

나무가 발병하기 전에도 나의 일상은 고요하지 않았다. 출산 후 나는 학습지 교습, 논술 과외, 강연 등 닥치는 대로 일을 하며 생계를 유지했다. 한숨 돌린 다음 작은아이를 업고 원서를 내러 갔던 대학원에 복학했고 연구 프로젝트를 하면서 돈을 벌고 밤새워 공부했다. 낮에는 일하고 아이를 돌보고, 저녁

이면 쪽잠을 자고 다시 일어나서 공부했다. 그렇게 엄마 노릇을 했다. 엄마 노릇과 생계, 공부를 한꺼번에 돌리고 있었다, 피에로의 접시처럼. 어느 것 하나 떨어져도 이상하지 않은 상황이었다. 그러다 아이 발병 한 달 전, 시어머니가 대장암 말기 진단을 받고 응급수술을 받았다. 나는 새벽에 일어나 롱패딩을 뒤집어쓰고 집을 나섰다. 병원에 가서 따듯한 수건으로 어머니 손발을 닦아드리고 아침 식사와 약을 챙기고, 다시 집에 돌아와 아이 둘을 챙겨 학교에 보내고, 또 어머니 병원에 뛰어가 보살피고…, 그런 날들이 이어졌다. 그러던 중 나무가 발병한 것이다. 어머니는 종합병원에, 나무는 대학병원에 입원했다. 어머니는 퇴원 후에도 다른 수술을 몇 차례 거듭하고 항암치료를 이어가고 있었고, 나무의 증상은 호전이 없었다. 나와 남편은 중환자 두 명을 간호하느라 매일매일 전쟁을 치르고 있었다. 그 와중에 나무는 병명도 알지 못하는 혼돈의 시간을 보냈고, 개방병동에서 보호병동으로 옮겨졌다. 오랜 투병이 예견되었다.

결국 우리는 아파트를 팔았다. 어머니에게는 병원 근처 동네에 전셋집을 얻어드렸다. 새 냉장고, 새 장롱, 새 세탁기를 갖추고, 꽃무늬 벽지로 도배를 했다. 2인용 식탁 세트도 준비했다. 깔끔하고 화사하니 꼭 신혼집 같았다. 누구는 말기 암환자에게 그렇게까지 할 필요가 있냐고 했지만 내 생각은 달랐다. 어머니는 존엄하게 죽음을 맞이할 권리가 있고, 남은 시간 동안 가장 고귀하게 사셔야 한다고 생각했다.

우리는 서울의 동쪽에서 서쪽으로 이사했다. 나무의 병원과 가깝고, 돌봄 공동체가 활성화되어 있는 동네였다. 무엇보다 조현병에 대한 편견이 덜 할 것이라는 기대가 있었다. 아무리 좋은 동네로 이사했어도 아이들에게는 새로운 환경이었다. 새로운 동네, 새로운 학교에 적응하느라 두 아이는 어려움을 겪었다. 게다가 나무의 상태가 안 좋은 날들이 계속되면서 작은 아이는 마을에서 돌봄을 받을 수밖에 없었다. 우리는 동네 카페, 마을 합창단, 마을 무용단과 작은아이의 돌봄을 나누었다.

한편 나무의 중학교 진학도 고민이었다. 한참 아픈 상태에서 학교를 잘 다닐 수 있을지 걱정이 많았다. 대안학교도 알아 봤지만 가능한 곳이 없었다. 서류에선 통과했지만 면접을 볼 형편이 되지 못했다. 결국 배정받은 일반학교에 진학했지만 예상대로 아이의 중학교 생활은 순조롭지 못했다. 학교 보건 교사는 아직 등교할 때가 아니라고 했고, 병원에서는 퇴원하라 했다.

이러지도 저러지도 못 하는 사이, 우리는 나무가 앞으로 오래오래 아플 것이라는 사실을 받아들이고 귀촌을 결정했다. 서울에서 마을 공동체를 경험한 시간은 한 아이를 키우기 위해 온 마을이 필요하고, 마을은 함께 돌봄을 가능하게 한다는 것을 알게 했다. 귀촌지를 소개한 것도 그곳의 이웃이었다. 1년 9개월 투병하고 돌아가신 어머니의 장례식 후에 내린 결정이었다. 사십구재를 지내고, 어머니 전셋집을 정리하고, 유품을 정리하고 나서.

나무의 발병 3년 차, 2010년 5월, 우리 가족은 충남 홍성군으로 귀촌했다. 나무가 중학교 2학년, 작은아이가 초등학교 6학년 때의 일이다.

><

귀촌하고 이삿짐을 푼 곳은 마을회관 2층이었다. 급하게 이사하다 보니 집을 구할 수 없었다. 마을 이장님께 사정을 이야기했더니 마을회관을 빌려줬다. 넓은 논을 내 집 마당처럼 바라볼 수 있는 곳. 황금색 들판이라 해서 마을 이름도 '금평리'. 우리는 금평리 마을회관 2층에서 두 달을 살았다. 그리고 빨간 지붕이 있는 시골집을 연세 200만 원에 빌려 이사를 갔다. 나무는 집에서 걸어서 5분 거리의 면소재지 중학교로 전학을 했다. 나무는 여전히 증상이 잡히지 않아 학교에 적응하지 못했다. 컨디션이 안 좋아서 출석을 못 하는 날이 다반사였고, 병원에 다니느라 결석도 많이 했다. 그래도 컨디션이 좋은 날에는 아빠와 사슴벌레를 잡으러 뒷산에 오르고 이웃 친구 집에 놀러 다니며 지냈다. 초등학교 6학년에 전학 온 작은아이도 적응이 어려웠다. 작은아이는 초등학교 바로 옆 중학교 언니들에게 괴롭힘을 당했다. 낯선 아이라는 이유로, 아픈 오빠의 동생이라는 이유로. 오빠 때문에 원하지 않는 전학을 두 번이나 하게 된 작은아이는 점점 예민해졌다. 게다가 사춘기 초기였다.

아파트에 살다가 갑자기 대문도 없는 집에 살게 된 우리 가족은 낯선 환경에 적응하느라 애썼다. 퇴사한 남편은 나무를 돌보는 일과 농촌에서 새롭게 할 일을 모색하느라 바빴다. 나는 일주일에 두세 번 서울로 일을 다니면서도 아픈 큰아이와 새로운 생활에 적응 중인 작은아이를 돌보았다. 농촌 공동체는 이 집 저 집 오가며 아이들을 서로 돌보는 것이 자연스러웠고, 마을에는 많은 돌봄 자원이 있었다. 하지만 조현병을 공개하지 못한 상태에서 증상 기복이 있던 나무는 마을의 돌봄을 받을 준비가 돼 있지 않았다. 사춘기에 접어든 작은아이 역시 이웃의 방문을 불편해했다. 그리고 익명성이 보장되지 않는 농촌에서 엄마의 돌봄 수행은 공개됐고, 그 시선은 낯설었다.

우리 가족이 각자 고군분투하는 동안, 귀촌 선배들과 이웃들은 호혜와 환대로 우리를 맞아주었다. 집 구하는 것에서부터 아이들의 적응을 위해 성심성의껏 도왔고, 유기농 농사를 하나씩 가르쳐주었다. 우리 가족이 농촌 생활에 천천히 적응되어 갈 즈음에도 나무의 증상은 잡히지 않았다. 나무는 약 복용을 거부했다. 환청과 망상은 나무와 우리 가족을 괴롭혔다. 결국 나무는 다시 개인병원 입원을 거쳐 대학병원 소아정신병동에 입원했다. 우리 가족의 짧고 굵었던 귀촌 생활은 1년을 채우지 못하고 막을 내렸다. 남편은 병원비를 벌기 위해 다시 직장을 구했고, 우리는 남편 직장과 가까운 파주로, 응급상황이 발생하면 언제라도 그가 뛰어올 수 있는 거리에 집을 구했다. 그것이 2011년 2월의 일이다.

✕

교육 찾아 돌봄 찾아 떠난 우리의 방랑은 시어머니와 나무, 두 환자를 돌보느라 완전히 소진된 상태에서 벗어나기 위한 결정이었고 우리가 짊어지기엔 벅찬 돌봄을 나누어달라는 호소였다. 실제로 조현병 환자의 돌봄은 지난하다. 조현병은 보통 청년기에 발병해 평생 가는 질병이다. 취업을 하거나 독립적인 생계를 하기 어렵고, 평생 동안 치료를 해야 한다. 이 때문에 조현병 환자 가족의 돌봄은 필수적이다. 그런데 가족이

다양해지고 있다. 2023년 통계청 인구총조사에 따르면, 1인 가구가 전체 가구수의 35.5퍼센트를 넘고 있다. 가족 돌봄을 받을 수 있는 조현병 환자들은 점점 줄어들고 있다. 게다가 가족의 환자 돌봄도 쉽지 않다. 부모는 늙어가고 자녀는 점점 커지고, 계속되는 입퇴원 때문에 경제적으로 고갈된다. 건강보험이 적용되는 것 이외의 환자에 대한 지원은 모두 가족이 감당해야 한다.

물리적으로 환자를 돌볼 사람이 가족밖에 없다면, 가족은 얼마나 버틸 수 있을까? 사적 구조에만 기대는 돌봄은 지속 가능하지 않다. 마을이, 사회가 조현병 환자의 돌봄을 나누지 않는다면 뉴스에서 접할 수 있는 심각한 사건이 만연해지는 현실이 될 것이다. 가족이 환자를 '독박 돌봄'하라는 요구는 버티다가 쓰러지라는 말과 다름없다. 그리고 이 아이는 나만의 아이가 아니라 우리 사회의 아이니까, 사회 구성원으로서 돌봄을 나눌 공동체가 필요하다. 돌봄과 교육을 나누려는 여정은 소아조현병, 이 병을 가지고도 살아갈 방법을 찾아가는 순렛길이었다.

나무를 처음 보호병동에 입원시키고 집으로 돌아온 그날, 담배
를 끊었다. 무엇이라도 해야 할 것 같았다. 그날 이후 지금까지
18년 동안 단 한 대도 피워 물지 않았다. 그건 나무가 여전히 아
프다는 뜻이기도 하다.

변한 것은 흡연 습관만이 아니었다. 결혼을 하고 두 아이를
낳아 각각 초등학교 3학년, 5학년으로 커갈 때까지 나는 그저
미숙하고 서툰 초보 아빠였다. 직업 특성상 집 밖에 머무는 시
간이 길었고, 가사·양육에 대한 관심과 부담 모두 아내의 몫이
려니 했다. 나무가 발병하면서 비로소 나는 고유명사 '아무개'
가 아닌 보통명사 '아버지'가 되었다. 18년이 지나도 여전히 경
제적 자립과 사회적 자존이 어렵고 제 힘으로 독립적인 미래를
설계하기 힘든 나무에게는 아버지의 존재와 역할이 꼭 필요하
고, 나는 내가 그래야 한다는 것에 아무런 이의가 없다. 하물며
내가 누군가에게 없어서는 안 되는 존재라는 사실에 감읍하기
까지 하다.

아내가 없었다면 지난 18년을 견딜 수 없었기에, 내가 그런
것처럼 아내 또한 혼자만으로는 견뎌내기 힘든 고난과 역경의
세월을 '버티듯' 살아왔음을 알기에, 진심으로 아내가 소중하고

아내를 존경한다. 또한 나무가 발병한 이후로 때때로 후순위로 밀려날 수밖에 없었음에도 자존감 충만한 청년으로 커준 딸까지, 가족이라는 안 보이는 끈으로 연결된 우리 네 식구는 나무의 질병으로 더욱 단단히 결속될 수 있었다.

사회복지적 차원의 지지대들도 필요하지만, 조현병 환자와 가족에게는 가족치료적 관점이 매우 중요하다. 환자 본인에게 가족의 애정과 지지는 너무도 필수적인 치료 자원일 뿐 아니라, 기나긴 투병 과정에서 육체적으로나 정신적으로 힘들고 지치기 쉬운 가족 구성원들 간의 상호 지지와 배려 또한 꼭 필요하기 때문이다. 실제 조현병에 걸린 아이를 돌보다 자신까지 암에 걸려 다 큰 성년이 된 아들은 대학병원 정신과로, 엄마는 대학병원 내과로 입원한 사례를 알고 있다. 아이의 발병으로 인한 엄청난 스트레스와 발병 이후 아들과 자신의 미래에 대한 불안이 엄마의 육체와 정신을 사납게 물어뜯었기 때문일 것이다. 그래서 조현병과의 긴 싸움을 잘 버텨내기 위해서라도 잘 먹고, 평정심을 유지하고, 서로 비난하기보다 격려하고 존중해야 한다. 또 취미 생활도 하고 친구도 만나고 때로는 혼자만의 시간도 가져야 한다. 그래야 지치지 않을 수 있고, 지치지 않아야 오래 동행할 수 있고, 환자를 안심시킬 수 있고 신뢰감을 줄 수 있다.

특히 나무처럼 남성 환자인 경우 아이가 성장하면서 같은 남

성인 아빠의 존재와 역할이 꼭 필요할 때가 있다. 발병 당시 막 열세 살이 된, 키가 140센티미터를 조금 넘는 귀여운 소년이었던 나무가 지금은 키 180센티미터인 어엿한 청년으로 성장했다. 지금은 불안증세가 많이 줄었지만 중고등학교 시절에는 가끔 내면의 불안이 폭발할 때가 있었다. 이럴 경우 환자 본인과 가족·주변인의 안전을 확보하기 위해 물리적 개입이 불가피할 경우도 있었다. 신체적으로 완숙한 나이가 되면서 엄마가 아들을 감당하지 못할 때가 있다. 사춘기를 지나며 성적 관심이 자연스럽게 넘쳐날 때에도 관련 주제로 대화를 나누기에 아무래도 같은 남자인 아빠가 더 편한 상대였을 테다.

나무가 입원했던 대학병원 정신과 보호병동 맞은편에는 소아 혈액종양내과 병동이 있었고, 지금도 있다. 두 병동 사이에 가족면회실이 있어 면회가 허용되는 날에는 두 병동에 입원해 있는 아이들과 그 가족들이 같은 공간을 함께 사용했다. 수액 주머니를 주렁주렁 단 혈액종양내과 아이들과 겉으로는 멀쩡해 보이지만 많이 아픈 소아정신과 아이들이 먼발치에서 마주 보았다. 비뚠 마음으로 그 면회실 풍경 속에 서 있던 날들도 있었다. 혈액종양내과 부모는 '그래도 우리 아이는 엄마 아빠는 제대로 알아보잖아' 하고, 정신병동 부모는 '그래도 우리 아이는 당장 죽을 염려는 없잖아' 하며 남의 불행으로 나의 불행을 위로받으라는 병동 배치인가 싶었다. 정말이지 그때는 누구라도 붙잡고 억울하다고 엉엉 울든가, 나무가 아픈 게 그 누구의 책임도 아니라는 위로를 받고 싶었더랬다.

하지만 지금은 억울해 엉엉 울고 싶은 마음도, 누군가의 위로도 고프지 않다. 일본에서 병이 재발해 도쿄 정신병원에 입원해 있는 나무를 면회하느라 매주 한 번씩 도쿄행 비행기를 타던 그해 봄, 채 20분이 안 되는 짧은 면회를 하고 나면 다음 날 면회까지 아무 할 일이 없어 도쿄 여기저기를 허깨비처럼 걸어 다니곤 했다. 그러던 어느 날, 발길이 닿은 곳이 벚꽃 축제가 한창 열리고 있는 우에노 공원이었다. 만개한 벚꽃 아래 수만 명이 돗자리를 깔고 둘러앉아 있었다. 도시락을 까먹거나 혹은 술잔을 돌리거나 고성방가를 내지르고 있었다. 그 수만 명의 인파 속을 허우적허우적 헤쳐 나오다 문득 '제풀에는 지치지도 꺾이지도 않겠다'고 결심했다. 행복한 사람들을 보며 공연히 품은 앙심이었는지 오기였는지, 왜 그런 생각이 떠올랐는지는 감감하지만 아무튼 그날의 강렬한 경험이 계기가 되었는지 내면의 근육이 조금은 더 단단해진 것 같다.

나무의 불안을 지켜보며 여전히 답답하고 슬플 때도 있지만, 조금씩 나아지고 있는 하루하루를 더 기뻐하고 감사하며 살려고 애쓴다. 나무와 우리 가족의 앞날에 대한 희망으로 설레지는 못하지만 절망에 지레 무릎 꿇을 생각은 터럭만큼도 없다.

오래 아팠기 때문에 별일 없는 하루가 얼마나 큰 기적인지 알게 되었고, 네 가족이 나란히 동행할 수 있는 것이 얼마나 감사한 일인지 실감할 수 있게 되었다. 나무의 투병을 통해 나는 비로소 '아버지됨'과 '어른됨'에 대해 어렴풋이나마 깨우쳤다. 또 사랑과 존경 그리고 감사의 진짜 의미를 알게 되었다. 그러니 지난 18년은 우리 가족에게 상심과 상실뿐인 시간이 아니다. 더디지만 더 성장하고 성숙하는 시간이기도 했다.

사랑을 위한
거리 두기

좁은 진료실 복도 맞은편에서 노인이 걸어온다. 허리가 굽었고 몸집이 자그마한 80대 여성이다. 그 뒤로 50대 아들이 뒤따라온다. 아들이 환자다. 노인은 진료실까지 오는 길이 힘들었는지 아이고 소리를 내며 앉는다. 늙은 엄마는 나이 든 아들에게 앉으라며 자리를 챙긴다. 고단해 보인다.

저 모습이 나의 미래일까? 앞으로 이 돌봄의 시간이 나에게 얼마나 남아 있을까? 오늘은 정기진료가 있는 날이다. 버스를 타고 병원 동쪽 문으로 들어선다. 병원은 아무리 와도 올 때마다 기분이 별로다. 들어서자마자 피곤이 몰려온다. 나무는 익숙하게 진료 접수를 하고 채혈실로 간다. 한 달에 한 번, 나무는 채혈을 하고 혈중농도를 확인한 다음, 조현병 치료제인 인베가Invega Sustenna 주사를 맞아야 한다.

지루한 대기 시간이 끝나고 담당교수를 만났다. 오랫동안 나무를 담당하던 교수가 퇴직하면서 집 가까운 병원으로 옮겼다. 이젠 나무가 혼자 병원에 다니도록 하기 위해서였다. 앞으로도 오랫동안, 우리가 사라지고 난 뒤에도 나무는 병원에 다녀야 하므로, 나무는 자립을 해야 한다.

✕

이번에 만난 의사는 부드럽다. 유머 감각도 있고 나무의 말에 귀 기울인다. '규·칙·생·활'을 이마에 쓰고 지내라고, 한 자씩 끊어 읽으며 제스처를 한다. 나무도 웃고, 나도 웃는다. 언제 끝날지 모르는 조현병 치료에서는 환자와 가족, 의료진의 호흡이 중요하다. 우리 가족과 호흡을 잘 맞출 수 있는 의료진을 만나는 것은 쉽지 않다.

우리는 지난 18년 동안 다양한 의사들을 만났다. 재밌는 사례라고 한 최면술을 하는 의사에서부터 치료에 자신이 없다고 나무의 치료를 포기한 의사, 전기경련치료를 처음 제안한 일본 국립병원 의사, 조현병을 뇌질환으로 보고 약물치료와 주사치료 그리고 전기경련치료 등 가능한 방법을 복합적으로 적용한 의사까지. 발병 초기 나무에겐 소아정신병에 대한 임상 경험이 많은 대학병원 소아정신과가 큰 도움이 되었고, 재발한 위기 상황에서는 전기경련치료가 효과가 있었다. 그리고 지금은 성인이 된 나무의 어려운 점에 경청하고 약물을 적극적으로 적용하면서 취업 등 일상생활에 대한 조언도 하는 의사를 만나고 있다. 환자마다 다른 증상들을 보고 약물 반응을 관찰하면서 세심하게 조절해야 하는 조현병의 특성 때문에 어떤 의료진을 만나느냐의 문제는 다른 어떤 질병보다 조현병에서 중요하다. 돌고 돌아 나무는 잘 맞는 의료진을 만났다.

의사는 한 달에 한 번 만나지만, 가족은 환자와 일상을 함께한다. 약물에 대한 반응은 안정적인지, 증상은 기복이 없는지, 부작용으로 인한 어려움은 없는지 항상 살피고 돌봐야 한다. 그래서 조현병 가족의 돌봄은 장기전이다. 발병 이후 우리 가족의 생활은 조현병을 중심으로 재편됐다.

입퇴원을 반복하던 시절, 아이가 퇴원을 하면 집은 병동이자 학교가 됐고, 나는 간병인이자 교사가 됐다. 조현병 환자는 청각·촉각 등 모든 감각에 예민하며, 약물치료로 몸이 무겁다. 가족은 부작용으로 힘든 환자를 돌보며 환자의 증상이 촉발하지 않도록 조심하면서도, 퇴행한 일상 습관을 회복하도록 돕는 역할을 동시다발적으로 수행해야 한다. 다시 유아가 된 아이를 키우는 것과 같다. 아침에 일어나는 것부터 전쟁이다. 약물로 인해 무거워질 대로 무거워진 몸을 일으켜 깨운다. 그리고 세수하고 양치하는 것을 돕고, 새벽부터 준비해둔 아침 식사를 하게 하고, 아침 약을 먹게 하고, 양말을 신기고, 옷을 입히고, 가방을 챙겨 학교에 바래다준다. 여기서 가장 어려운 것은 환자의 증상을 자극하지 않는 것이다. 언제 어디서 폭발할지 모르니까. 아직 안정되지 않은 환자의 행동을 예측하는 것은 어려운 일이다.

무사히 아침 시간이 지났다면, 본격적인 가사노동의 시간이다. 주방을 치우고 청소를 하고 침 흘린 옷과 수건을 빤다. 야뇨가 있었던 날은 이불 세탁도 한다. 장을 봐두고, 간식 준비까지 끝내고 나면 아이가 학교에서 돌아올 시간이다. 아이는 집에 오면 씻고 간식을 먹은 다음 그날 기분에 따라 탁구를 치거나 산책을 한다. 나는 학교 과제도 봐주고 저녁 식사를 챙긴다. 아이가 저녁 약을 먹고 씻고 잠자리에 들면 하루가 마무리된다.

당시 나는 매일 빵과 쿠키를 구웠다. 균형 잡힌 세끼 식사를 위해 요리했고, 아이의 증상을 관찰하고 적절히 운동하게 하고, 학교 생활에 적응하는 것을 도왔다. 모든 일상이 나무의 질병을 중심으로 돌아갔다. 나무를 위해서 '최선을 다하면' 좋아질 것이라고, 아프기 전으로 멀쩡하게 돌아올 것이라고 기대했다. 아픈 큰아이를 돌보다 아이가 잠든 후에는 아직 어린 작은아이를 돌보고, 나무의 치료에 도움이 될까 해서 입양한 반려견 하늘이를 돌봤다.

돌봄이 끝이 없었다. 새벽부터 한밤중까지, 출근도 퇴근도 없는 24시간 대기조 간호사이자 가사도우미였다. 엄마라는 이름으로, 사랑이라는 이름으로 돌보는 자의 지극한 노동은 쉼을 허락하지 않고 끝없이 강제되었다.

╳

만약 앞으로 오랫동안 조현병과 함께해야 한다면 나는, 우리는 어떻게 살아야 할까? 사랑이라는 이름으로 나를 헌신한다고 아이가 좋아질까? 나를 더 갈아 넣는다고 우리가 버틸 수 있을까? 어느 날, 문득 머릿속에 이런 물음이 떠올랐다. 그 질문에 대한 답은 '아니다'였다. 인정하고 싶지 않지만 아이의 병이 평생 가는 질병이라면, 그 병과 함께 살 방법을 찾아야 했다. 그것은 나와 아이의 건강한 '거리 두기'였다. 나는 나의 일을 꾸준히 하고, 내 세계를 가지고 살아야 한다는 결론에 다다랐다. 아이들이 모두 잠든 시간에 나는 책을 펼치고 컴퓨터를 켜고 강의 준비를 했다. 이것이 나를 돌보는 것이었고, 아이들을 위하는 것이었다.

나는 강의를 다시 시작하고, 2012년 4월부터 본격적으로 매일 출근했다. 남편 혼자 벌어서는 반복되는 입퇴원 병원비를 감당하기 힘든 것도 있었고, 나에게는 '엄마' 말고 직장인, 일하는 사람의 정체성이 필요했기 때문이다. 그래서 새벽에 일어나 도시락 두 통을 싸두고, 과일을 깎아 식탁 위에 놓고 출근했다.

돌이켜보면 일을 다시 시작한 것은 나무의 치료에 큰 도움이 됐다. 일을 하지 않았다면, 매일 출근해서 집중할 일이 없었다면 우리는 나무의 병을 견디지 못했을지도 모른다. 서로를 원망하고 탓하고 비난했을지도 모른다. 가족은 따로 또 같이, 적당한 거리를 유지할 때 건강한 관계가 유지된다. 특히 가족이 정신질환을 앓고 있다면 더더구나 그렇다. 가족은 지나치게 뜨거운 관계이기 때문에 거리를 잘 유지해야 사랑 사이에서 길을 찾을 수 있다. 사랑과 돌봄 노동 사이에서도 길을 찾을 수 있고.

이 거리 두기가 가능했던 것은 또 다른 돌봄이 있었기 때문이다. 2012년 4월부터 나는 매일 파주 집에서 서울로 출근을 했고, 나무의 외할머니인 영자 씨는 부산에서 파주로 출근했다. 매주 월요일에 KTX를 타고 파주에 와서 나무와 작은아이를 돌보고 금요일이면 부산으로 돌아가는 일정이었다. 그것도 무임금으로. 그리고 사무실이 가까운 남편도 집을 오가며 돌봄을 함께했다. 남편은 주말 요리 담당이었고, 나무의 증상이 발현되는 응급상황에 대처하는 구급대원 역할을 병행했다.

우리 가족은 각자 자기 위치에서 할 수 있는 만큼 최선을 다해 나무를 돌봤다. 나무가 입원하면 그 기간은 아이러니하게도 가족에겐 휴가였다. 의료진이 가족의 돌봄을 대신해주는 기간이었다. 우리는 그 기간에 재충전을 하면서 한숨 돌리고, 나무가 퇴원하면 다시 돌봄 비상모드로 돌아가고 그렇게 보냈다. 돌이켜보면 이 모든 게 어떻게 가능했는지 모르겠다.

"어떤 경우에도 포기하지 않으면 된다." 작고하신 아버지는 말씀하셨다. 나무가 발병하고 조현병으로 진단받은 직후였다. 우리 가족 모두는 나무를 한순간도 포기하지 않았다. 나무에게 최선의 치료법을 고민하고 결정하고 추진했다. 그리고 나무를 함께 돌보며, 나무와 건강한 거리 두기를 위해 각자 할 수 있는 것을 했다. 그렇게 18년이 지났다.

오늘도 오늘의 진료가 끝났다. 약국에서 한 달 치 약을 받았으니 우리에게 또 한 달이 주어졌다. 나는 나무와 병원에 오는 날을 '맛있는 것 먹는 날'로 정했다. 오늘의 메뉴는 떡볶이다. 신이 난 나무가 말한다.

"엄마, 나는 엄마하고 데이트하는 날이 좋아요. 우리 다음 달에는 뭐 먹을까요? 나는 햄버거, 햄버거로 정했어요."

그래. 우리 다음 달에도 맛있는 거 먹자, 아들.

우리 관계는
병으로 무너지지 않았다

"우리 엄마 내놔, 엄마 내놔! 우리 엄마 어딨어?"

어린 나무의 눈에 내가 처음 '가짜 엄마'로 보였을 때, 나는 죄책감에 빠졌다. 건강하게 성장하던 아이가 어느 날 갑자기 환청을 듣고 걷잡을 수 없는 불안으로 밥도 못 먹고 잠도 못 자고 웅크리고만 있는 상태가 되었을 때, 아직 원인도 모르고 병명을 모를 때, 그 절망도 절망이었지만 엄마가 가짜로 보이는 망상은 나를 더 깊고 짙은 죄책감에 사로잡히게 했다.

내가 일하고 공부하는 바쁜 엄마여서 그랬을까? 함께 사는 시어머니와 나 사이에서 아이가 혼란스러워서 그랬을까? 자책하며 가슴을 치고 또 치고, 아이 몰래 울고 또 울다가도 너무 궁금했다. 왜 엄마가 가짜로 보일까?

╳

혼자 열심히 자료를 뒤졌다. 결국 찾아낸 것이 카그라스 증후군, 가장 가까운 사람이 가짜로 보이는 증상이라는 것을 알아냈다. 카그라스 증후군의 최초의 발병 사례는 1920년대 파리에서 보도된 것으로 알려져 있다. 프랑스의 정신과 의사인 조셉 카그라스Joseph Capgras는 한 여성 환자가 '남편을 포함해 자신과 가까운 주변 지인들이 모두 가짜로 바뀌었다'고 주장하는 것을 접한다. 똑같이 생긴 대역이 외부에서 파견되어 가족들을 모두 대체했다는 것이다. 1923년 조셉 카그라스는 그의 동료와 공동 집필한 논문에 이 증상을 처음으로 기록하며 '망상적 동일시'의 한 형태로 정의해 학계에 보도한다. 이후 이 증상이 뇌 손상 등 다양한 신경학적 질환에서 발생할 수 있다는 사실이 밝혀지며, 이에 대한 연구가 본격적으로 이루어지기 시작했다.✚

그렇다면 나무의 경우 전전두엽이 완전히 발달하지 않은

✚ 최준배, 〈남편이 아니고 다른 사람이 남편인 척 하는 거예요!〉, 《정신의학신문》, 2024년 11월 18일.

소아여서 이 증후군이 생긴 것일까? 아니면 카그라스 증후군이 조현병의 전형적인 증상인 것일까? 애초에 이러한 증상은 왜 나타나는 것일까? 나는 카그라스 증후군이 더욱 궁금해졌다. 이 질문에 답을 준 사람은 인지신경과학자 라마찬드란[V. S. Ramachandran] 박사였다. 그는 《명령하는 뇌, 착각하는 뇌》에서 카그라스 증후군을 자세하게 소개했다. 그에 따르면, 사물을 보고 무엇인지 인지하는 뇌의 시각경로는 정상적으로 정보를 처리하지만, 그것을 보고 감정을 떠올리는 감정경로가 뇌 신경세포의 손상 등의 문제로 정보를 처리하지 못할 때 부조화가 일어난다. 대상을 시각적으로 인식은 하지만 기대하는 감정의 느낌이 없어지는 것이다. 엄마로 보이지만 엄마에게서 느껴지던 감정이 없는 상황, 이 혼란을 해소하기 위해 눈 앞의 상대가 가짜라는 결론을 내리며 합리화한다. 망상은 그렇게 정교화된다.

그렇구나. 내 잘못이 아니었다. 내가 나쁜 엄마여서 생긴 증상이 아니었다. 심리적인 문제가 아니었고, 정신분석으로 해결될 것이 아니었다. 이 증상은 인간이 아직 도달하지 못한 뇌의 문제였다. 그것도 뇌의 편도체로 전달되는 신경세포 뉴런의 문제.

카그라스 증후군이 무엇인지를 알기까지 시간이 꽤 걸렸

다. 병을 알았으니 이제 치료를 할 단계. 조현병은 대증요법을 쓴다. 증상에 따라 약물을 쓰고 그 약물에 대한 반응을 보는 것이다. 이 약, 저 약을 써보고 증상에 반응하는 약을 쓰게 된다. 부작용은 줄이고 증상을 완화하는 약의 조합이 중요하다. 나무의 경우, 조현병으로 의심되는 단계에 처방받은 1차 치료제들이 효과가 없었다. 그래서 소아에게 적용하기 조심스러운 클로자핀을 치료제로 쓰기로 했다. 약을 증량하며 부작용으로 힘든 시간이 있었다. 하지만 증상을 잡는 것이 우선이었다. 이젠 상대도 알았고 전략도 통했다. 클로자핀은 나무의 카그라스 증후군을 옅어지게 했다.

✕

하지만 카그라스 증후군으로 인한 죄책감에서 빠져나오기까지는 오랜 시간이 걸렸다. 머리로는 죄책감에서 빠져나와야 한다, 죄책감은 치료에 도움이 안 된다고 되뇌었지만 마음 깊숙한 곳엔 죄책감이 똬리를 틀고 있었다. 아이가 아프면 부모는 아이에게 미안하다. 건강하게 낳지 못해서, 건강하게 키우지 못해서. '그때 그랬으면 아이가 아프지 않았을까?' '그때 그러지 않았으면 아이가 병에 걸리지 않았을까?' 키운 시간을 복기하며 초 단위로 자책하게 된다. 게다가 아이가 조현병을 진단받으면 세상은 부모를 지탄한다. '도대체 부모가 아이를 어떻게 키웠길래?' '부모가 아이를 학대했을 거야' 하며 손가락질한다. 부모는 죄책감과 비난을 한 몸에 받는다. 더군다나 망상 내용이 '가짜 엄마'라니. 얼마나 나쁜 엄마였으면 가짜 엄마일까. '가짜 엄마'는 떨쳐버릴 수 없는 깊은 죄책감의 뿌리가 되었다.

나는 아이 둘을 키우면서 아이들에게 열심히 사는 모습을 보여주려고 했고, 실제로도 하루하루 성실하게 살았다. 임신과 출산의 시점부터 돌이켜봐도 그랬다. 나무 임신 4주 차에 열병을 앓고도 수액만 맞고 버텼고, 자연분만으로 나무를 낳았고, 부지런히 천기저귀를 삶고 모유 수유를 하면서 나무를 키웠다. 서울 변두리 동네에 보증금 2000만 원에 월세 20만 원짜리 다가구주택 뒷방을 고르면서도 아이들에게 책을 읽어주려고 도서관 담벼락에 붙은 집을 택했다. 아침이면 아이들을 어린이집 차에 태워 보내고 도서관으로 달려가 공부를 하고, 오후 4시면 시장에 들러 콩나물과 두부를 사 왔다. 아이들 저녁 식사 준비를 해두고, 아이들이 어린이집에서 돌아오면 안아주고 씻기고 먹이고 책을 읽어주고 재웠다. 그렇게 힘들게 버티고 있던 그 순간, 나무가 발병했다. 나무가 아프다니, 그것도 조현병이라니. 게다가 나를 가짜 엄마란다. 이것은 나의 인생을, 내가 살아온 지금까지의 시간을 완전히 부정하는 것이었다. 신은 열심히 성실하게 산 죄밖에 없는 우리에게 가장 심한 벌을 내렸다. 도대체 왜?

죄책감은 원망으로 자랐다. 나무의 첫 입원 1년이 지난 2009년 5월, 나는 기도하는 마음으로 삭발했다. 우선은 신을 원망하려고. 그런 다음 병에 대한 두려움을 떨쳐내고 나의 트라우마를 치유하려고. 죄책감에서 벗어나 마음의 평정을 찾으려고. 그리고 무엇보다 나무의 증상과 나무의 인격을 분리해서 볼 수 있는 지혜를 구하려고.

한편으로는 뇌과학을 공부하고, 한편으로는 '평화를 주소서' 하며 기도를 했다. 이런 이율배반적인 선택이라니. 뇌과학을 공부한 것은 병의 증상과 그 원인을 알기 위해서였고, 기도를 하는 것은 나무를 돌봐야 하는 나를 돌보기 위해서였다. 이 둘은 다 필요했다. 과학도 영성도 정신질환 환자를 돌보는 데 필수다.

결국 나무의 증상이 호전된 다음에야 나는 죄책감으로부터 한결 자유로워졌다. 하지만 카그라스 증후군이 무엇인지 알려고 뇌과학을 공부한 것은 증상과 환자를 객관적으로 보는데 많은 도움이 됐다. 그리고 그 인식은 돌보는 나를 다치지 않게 하는 데 도움이 됐다. 알아야 그다음을 해나갈 수 있으니까. 안갯속에 있을 때가 가장 불안한 법이니까 말이다.

╳

물론, 그럼에도 죄책감이 마음에 밀려드는 순간은 계속해서 찾아온다. 어느 날, 나무는 약 먹기 힘들다며 짜증 내고 울었다. 또 다른 어느 날, 나무는 지금까지 먹은 약을 계산하며 말했다.

"내가 지금까지 몇 알을 먹었는지 아세요? 제일 많이 먹을 때가 아침에 4알, 저녁에 9알, 1년이 365일이니까 약 줄인 것 고려하면 대략 6만 알이에요, 6만 알."

눈물을 글썽이며 이렇게 말하면, 가슴이 찢어진다. 약을 먹는 것이, 약의 부작용을 감수하는 것이 얼마나 힘들까? 그렇지만 이럴 때 무작정 미안하다는 말을, 마음 아프다는 걸 표시 내면 안 된다. 나무도 나도 약물 복용에 대해 흔들리면 안 된다. 약물치료를 중단하면 1년 내 재발률이 70퍼센트이고, 약을 꾸준히 먹으면 조현병 환자의 3분의 1이 일상생활이 가능한 정도로 회복된다는 것을 이제는 안다. 우리의 목표는 나무의 일상생활이 가능한 것, 바로 그것이다. 그래서 나는 나무의 이야기에 태연한 척 말한다.

"그래, 힘들지. 많이 힘들지."

가족치료 전문가 리베카 울리스는 조현병 당사자가 약을 꾸준히 복용하게 하기 위해 도움이 되는 방법을 다음과 같이 일러준다. 먼저, 가족이나 의사가 약에 대한 환자의 염려나 공포, 불편함에 귀를 기울이고 대답해주는 것이 중요하다고 말한다. 조현병 당사자들은 주변 사람들이 자신의 걱정을 진지하게 받아들이는지 알고 싶어 하기 때문에, 약의 부작용 때문에 힘들다는 사실을 인정하고 수긍해주어야 한다는 것이다. 또 그러면서도 조현병 당사자가 불편함을 호소할 때 진지하게 받아들여야 한다고 했다. 참고 견딜 때 어떤 효과가 있는지, 부작용의 불편함을 덜어줄 수 있는 방법은 있는지 객관적으로 살펴줘야 한다는 것이다. 나아가 당사자가 선호하는 약을 의료진에게 말하고 결정할 수 있도록 해야 하며, 먹는 약뿐 아니라 주사제도 선택할 수 있다고 한다.✢

우리는 나무가 입이 마르다고 해서 집에서 탄산수를 만들어주고 물을 많이 마시도록 했다. 사 먹는 청량음료를 대신 할 음료를 만들어서 냉장고에 넣어두는 방법으로 나무를 도왔다. 평소 나무가 약을 먹고 힘들어하는 것을 잘 듣고 기록해두

✢ 리베카 울리스 지음, 강병철 옮김, 《사랑하는 사람이 정신질환을 앓고 있을 때》, 서울의학서적, 2020년, 76~78쪽.

었고, 함께 인터넷 검색을 하면서 약물 정보를 알려주었다. 우리 가족은 나무의 약물 복용에 대해 힘들겠다고 공감하고 지지하고 응원하면서도 필요할 때는 나무를 설득하고 꼭 먹어야 한다고 단호히 말한다. 나무가 더 어렸을 시절에는 포도송이 모양 스티커 판에 스티커를 붙여주며 약물을 잘 복용하는 것을 보상해주기도 했다. 매일매일 약 복용으로 실랑이를 벌이는 시간이 있었지만, 18년이 지난 지금은 그 시간이 되면 나무 스스로 약통을 열어 약을 확인하고 챙겨 먹는다. 그렇게 나무는 지금까지 먹은 '비타민' 수를 헤아리다가, "그러니까 치킨 사주세요"라고 말한다. 치료약과의 길고 긴 동행에 스티커 판은 더 이상 필요 없지만, 맛있는 음식을 먹는 기쁨은 여전히 필수적이다.

요즘 나무는 엄마가 가짜라는 말을 더 이상 하지 않는다. 엄마와 데이트하는 것을 가장 좋아하는 청년, 엄마와 맛있는 것 먹고 영화 보는 것을 좋아하는 청년으로 자랐다. 나도 더 이상 죄책감에 사로잡혀 내 삶을 되짚거나 나무에게 미안한 마음을 품지 않는다. 약을 잘 먹도록 단단하게 받쳐주되 약 먹는 게 지치고 힘든 날은 약속한 것을 다 하지 않았더라도 맛있는 음식으로 보상한다.

오늘 나는 치킨을 주문한다. 나무에게는 칭찬과 격려가 필요하기 때문이다. 고통이 있으면 쾌락도 뒤따라야 버틸 수 있다. 희로애락은 동반하는 법. 오늘만은 다이어트를 잊기로 한다.

우리 관계는 병으로 무너지지 않았다. 아니, 더 단단해졌다. 공부도, 기도도 둘 다 힘이 세다. 증상과 환자를 분리해서 볼 것, 돌보는 나를 잘 돌볼 것, 이 두 가지를 가능하게 했다.

2부

세상으로

내딛는

걸음

학교에서
삶의 감각을 배우다

귀촌 생활을 접고 돌아온 도시는 경기도 파주출판도시에서 걸어서 30분, 자전거로 15분이면 다닐 수 있는 신도시였다. 나무는 중학교 3학년에, 작은아이는 중학교에 입학했다. 우리 모두 다시 시작하는 것이었다.

낯선 도시, 하지만 신도시답게 마을은 깨끗하게 정돈돼 있었고, 아파트 단지 앞에는 농구장이, 바로 옆에는 청소년센터가, 그리고 무엇보다 아주 좋은 도서관이 있었다. 마음에 들었다. 동네 이름도 '책향기 마을'. 뭔가 좋은 일이 기다리고 있을 것 같았다. 게다가 마을에는 뜻하지 않게 좋은 이웃들이 많았다. 예전 마을에서 알고 지내던 인연이 연결되기도 하고, 도서관 독서 모임에서 만나기도 했다. 그들은 우리 가족을 환대해줬다.

하지만 한 가지 안 좋은 것이 있었다. 그것은 나무의 증상이었다. 여전히 기복이 있었다. 망상과 환청이 완전히 잡히지 않았다. 학교에서는 특수학급에 배치됐다. 하지만 특수교사는 정신장애 학생이 처음인지, 나무를 어떻게 지원할지 몰랐다. 무엇보다 나무의 컨디션이 문제였다. 나무는 증상과 약물 부작용 때문에 특수학급에서도 엎드려 있기만 했다. 입원도 다시 해야 했다. 약 용량을 높여야 했기 때문이다. 쉽지 않은 학교 생활이었지만 나무는 서울 대학로에 있는 병원과 파주 학교를 오가며 겨우 출석일수를 맞춰 중학교를 졸업할 수 있게 되었다.

고등학교 진학을 앞두고 특수교육 대상자로 신청했다. 진료 기록이 든 두꺼운 서류를 준비해서 교육지원청에 제출했고, 특수교육 대상자 승인을 받았다. 그다음은 경기도 교육청 심사였다. 그러나 결과는 탈락이었다. 탈락 이유는 나무의 기능이 많이 회복되었다는 것. 고등학교 특수반은 중학교 특수반에 비해 학급 수가 현격하게 줄어든다. 게다가 의무교육이 아니기 때문에 특수교육 대상자 심사 기준이 높다. 고등학교 특수교육은 신체장애만 대상이고, 정신장애는 '해당 사항 없음'이었다. 그렇다고 특수학교 대상자도 아니었다.

기능이 회복되어서 특수교육 대상자가 되지 못한다니. 하루에 12시간을 자야 하고, 정신증으로 인한 인지장애를 겪고 있는 아이에게 일반학급에서 공부를 하라니. 아침 8시에 등교하고 자율학습을 하는 입시 위주의 일반학교에서 이 아이가 견딜 수 있을 것인가? 나는 분노했다. 행정소송을 할까도 생각했다. 그런데 나무에게 에너지를 쓰기에도 벅찼다. 고민 끝에 우리는 지역에 있는 대안학교 문을 두드렸고, 나무는 대안학교 고등과정에 들어갔다.

╳

대안학교에서 나무는 선생님들이 사람으로 대해줘서 좋다고 했다. 눈을 맞추고 이야기를 들어줘서 좋다고 했다. 그렇다면 일반학교에서는 사람으로 대해주지 않았다는 것인데, 아픈 와중에도 나무는 자신이 존중받는지 아닌지를 정확하게 알았다. 어쩌면 아프기 때문에 더 잘 알아챘을 것이다. 조현병 환자들은 인지는 엉키고 감각은 예민하다. 아프기 때문에 존중이 더 중요한데, 아이는 일반학교에서 무시와 멸시를 받았던 것이다.

나무는 대안학교에서 자전거를 배웠다. 담임교사가 학교 운동장에서 자전거 타는 법을 가르쳐주고 함께 자전거를 탔다. 또 한 학년 위의 형, 그의 아빠와 함께 셋이 아침마다 자전거로 등교했다. 왕복 20킬로미터가 넘는 거리였다. 어느 날은 산길을 오르기도 했고, 어느 날은 들판을 달리기도 했다. 나무는 그때 좋아하기 시작한 자전거를 지금도 좋아한다. 대안학교에서 배운 가장 중요한 것이다.

또 나무는 대안학교에서 곤충에 대한 공부를 했다. 아프기 전부터 좋아했던 장수풍뎅이, 사슴벌레에 대한 프로젝트를 진행했다. 곤충 표본을 해서 액자를 만들고, 파워포인트로 곤충 종류와 특성을 소개하는 자료를 만들어 친구들 앞에서 발표하기도 했다. 하지만 국어나 수학, 영어 수업은 따라가기 어려웠다. 그사이 4년 동안 공부를 하지 못한 데다가 인지기능이 회복되지 않았기 때문에 고등과정 수업을 따라가기에는 역부족이었다.

대안학교에 조현병을 밝히지는 못했다. 그냥 불안장애가 있다고 말했다. 고등학교 특수반에 탈락한 이후 조현병을 알리는 것이 조심스러웠다. 그리고 나무가 다른 사람에게 자신의 병명을 말하는 것을 끔찍하게 싫어했다. 그래서 말하지 못했다. 나무도 조현병에 대한 사람들의 편견을 누구보다 잘 알고 있었기 때문이다. 지금이라면 나무가 조현병을 가지고 있다고 말할 수 있을까? 그래서 취약한 부분이 있으니 도와달라고 말할 수 있을까? 자신 없다. 우리는 동네 탁구장에서도 쫓겨났고, 검도장에서도 쫓겨났다. 사람들은 조현병을 말하기 전에도 아이의 행동이 조금만 이상해도 오지 말라고 했다. 다른 사람에게 방해가 된다고. 그러면 나는 "죄송합니다"를 연신 말하며 머리를 조아렸다. 아픈 아이의 엄마라서 죄인이 되었다. 나무는 학교에서도 친구들의 놀림을 받았다. 나무 동생은 다른 아이들과 좀 다른 오빠 때문에 따돌림을 당했다.

그런데 대안학교는 달랐다. 남들과 조금 다른 나무를 존중하고, 병명에 상관없이 나무의 취약점을 이해하고 지원해주려고 애썼다. 대안학교에 다니는 동안 가장 기억에 남는 일은 배낭여행이었다. 한번은 일본으로, 한번은 라오스로 여행을 다녀왔다. 약을 먹어서 몸이 무거운 아이를, 약물 부작용으로 야뇨를 종종 하는 나무를 데리고 5박 6일 동안 여행을 다녀온 선생님들이 새삼 존경스럽다. 대안학교의 교육 철학이 있어서 가능한 일이었다.

성인이 된 나무는 대안학교 선생님과 지금도 연락한다. 분기에 한 번 정도 만나 식사를 하며 사는 이야기를 나눈다. 심지어 나무는 자신의 자취방에도 초대했다. 선생님이 제자가 어떻게 사는지 보고 싶어 했다고, 생각보다 깔끔하게 해놓고 산다며 칭찬했다고 한다. 일반학교에서는 만나지 못한 선생님이다.

하지만 대안학교에서의 뜻깊은 시간도 3학기로 끝났다. 나무는 2학기 때 형들과 함께 고졸 검정고시를 봤다. 아프기 전에 공부한 걸로 검정고시를 통과했다. 고졸 검정고시를 치른데다 같은 학년 학생이 나무 혼자였기 때문에 들어갈 수업도 애매했다. 그렇게 3학기 만에 고등과정을 마친 나무는 집으로 돌아왔다. 그리고 농구장으로, 도서관으로, 매일 동네에서 할 수 있는 걸 했다. 오라는 곳은 없었지만 갈 수 있는 곳을 찾아서 갔다. 그러던 어느 날 지역 청소년센터에서 학교 밖 청소년들을 위한 프로그램을 한다고 연락이 왔다. 나무는 여러 가지 이유로 학교를 그만둔 또래 아이들과 청소년센터를 다니기 시작했다. 그곳에서 나무는 홈스쿨링 아닌 홈스쿨링을 하게 됐다.

※

나무가 일반고등학교 대신 대안학교에 다니기 시작한 이후, 나는 다시 출근을 준비했다. 여전히 기복이 있지만 나무의 치료 방향이 정해졌고, 조금씩 좋아지고 있었다. 우리 가족은 앞으로 오랫동안 조현병과 함께 살 방법을 찾아야 했다. 나무는 치료와 일상을 균형 있게 살아가고, 작은아이도 남편도 그리고 나도, 각자 자기 자리에서 '자신'을 살아야 한다는 결론에 이르렀다.

새벽에 일어나서 그날 식사 준비를 하고 아이들을 챙기고 퇴근하고 다시 집안일을 하면서 나무를 돌볼 때, 내 어머니 영자 씨가 지원군으로 나섰다. 매주 월요일 부산에서 올라와 아이들을 챙기고 청소하고 빨래하고 쓰레기를 버리고 금요일에 내려가기를 반복했다. 부산으로 내려가는 영자 씨의 오른손에는 항상 종량제 쓰레기봉투가 들려 있었다. 덕분에 나는 새 직장에 잘 적응할 수 있었다. 그때 영자 씨 나이가 70대 중반이었다.

영자 씨의 돌봄 덕분에, 학교와 이웃들의 응원 덕분에, 우리 가족의 도시 생활은 조금씩 안정돼가는 듯했다. 우리는 각자 자기 위치에서 살아내려고 애썼고, 힘들었지만 견딜 만했다. 2015년, 나무의 재발 전까지는 말이다.

열세 살에 발병한 조현병을 가지고 살아가는 나무에게 학교교육은 중요했다. 조현병 치료에 있어서 약물로 환청·망상 등 주요 증상을 잡는 것도 중요하지만, 급성기 이후 사회 적응을 위한 생활훈련이 병행되어야 하기 때문이다. 발달 단계별 학습이 끝나고 자아가 성숙해진 성인기가 아니라 소아기에 발병한 환자에게 학교교육은 약물치료와 함께 병행되어야 하는 필수 치료법이다. 또한 증상이 어느 정도 잡힌 다음, 사회 성원으로 활동하기 위해서도 학교교육은 중요하다. 나무에게 학교교육은 사회적 기능을 훈련하고 관계를 학습하기 위할 뿐 아니라, 일상을 유지하게 하는 루틴과 소속될 커뮤니티가 필요하다는 점에서 빼놓을 수 없는 과정이었다. 하지만 일반 학교교육으로는 나무의 특수성을 반영할 수 없었다. 그래서 우리는 특수교육의 도움을 받아야 했다.

특수교육은 말 그대로 특수한 대상자에게 특수한 교육 서비스를 제공하는 것이다. 특수교육은 〈장애인 등에 대한 특수교육법〉에 따라 특수교육대상자의 특성에 적합한 교육과정 및 서비스 제공을 하는 교육(법2조 1항)을 지칭하는 것이다. 그 서비스로는 상담지원·가족지원·보조인력지원·보조공학기기지원·학습보조기기지원·통학지원·정보접근지원 등이 있다.

여기서 특수교육대상자는 장애인과는 구별되는 개념이다. 장애인 등록이 되어 있지 않아도 학습의 어려움을 겪고 있는 학생에게 특성에 맞는 교육지원을 하는 것이 특수교육이다. 예를 들어 안면장애는 학습에 어려움이 거의 없기 때문에 특수교육대상자로 선정되지 않고, 학습장애나 주의력결핍 과다행동장애(ADHD)의 경우는 등록 장애인이 아니더라도 특수교육대상자가 될 수 있다.

특수교육대상자 유형은 열 가지로 시각장애, 청각장애, 지적장애, 지체장애, 정서·행동장애, 자폐성 장애, 의사소통장애, 학습장애, 건강장애, 발달장애가 해당된다. 정신장애는 장애인으로 등록되어 있더라도 특수교육대상자가 아니다. 정신질환을 가지고 있으면서 정서·행동장애에 포함되는 경우에 특수교육대상자로 선정될 수 있다. 지역 교육청에 따라 정신장애 학생 중 일부가 특수교육대상자로 선정되기는 하지만 대개 해당되지 않는다.

특수교육대상자 선정은 지역 특수교육지원센터의 진단과 평가를 거쳐 센터가 특수교육대상자 선정과 필요한 교육지원에 대한 의견을 교육장이나 교육감에게 보고하면, 그 내용을 보호자에게 서면으로 통지하는 절차를 거친다. 고등학교의 경우에는 광역교육청에서 2차 진단과 평가를 거쳐서 최종 선정된다.

나무는 중학교 3학년 때 특수반에 배정되었고, 고등학교 진학 시 광역교육청 심사에서 탈락했다. 정신장애인은 특수교육대상자가 아니고 정서·행동장애에 해당하기에는 기능이 많이 개선되었다는 것이다. 하지만 실제 이유는 고등학교 특수반이 부족했기 때문이다. 일반고등학교에 배정된 나무는 입시 위주의 학교 교육과정을 이수하지 못할 것이 뻔했기 때문에 진학을 포기했다. 대신 지역 대안학교와 검정고시 학원, 지역 청소년센터에서 고등학교 과정을 보냈다. 그때 나무가 특수교육대상자로 선정되었다면 어땠을까? 우리가 좀 더 평탄한 길을 지나왔을까? 모르겠다. 지난 일에 대한 가정은 소용없는 일이다.

도쿄에서의
나날들

"일본에 간다고?"

2014년 3월이었다. 대안학교 고등과정을 마치고 학교 밖 청소년으로 지내던 나무가 갑자기 일본에 가겠다고 했다. 자전거 디자인과 자전거 정비를 전문적으로 가르치는 학교가 도쿄에 있다는 기사를 읽고 도전해보고 싶다는 것이었다. '지방도 아니고 바다 건너 외국에 공부하러 가겠다고? 이제 겨우 치료제를 정하고 조금씩 안정되고 있는 중인데?' 나는 무리라고 생각했다. 그런데 나무의 생각은 완강했다. 아프다고 하고 싶은 걸 포기할 수는 없다고, 실패하더라도 해보고 싶다고 했다. 당시 나무의 친구들은 고등학교 3학년이었다. 나무는 고등학교 특수반에 탈락한 후 대안학교를 갔고, 그것도 3학기 만에 고졸 검정고시를 보고 학교를 마쳤기 때문에 매일 갈 곳을 찾고 있던 중이었다. 아프지만 하고 싶은 것이 있고 도전해보고 싶은 것이 있다는 것이 한편으로 반가웠다. 보호병동 생활의 트라우마도 잊고, 자신의 미래를 위해 준비할 기회를 주어야 한다고 우리 부부는 생각했다. 재발은 우리의 계획에 없었다.

나는 자전거전문학교 한국 담당자와 소통했다. 학교에서는 우선 일본어가 준비돼야 한다고 했다. 언어는 한국에서 공부해서 오는 것보다 일본 현지에서 공부하는 것이 훨씬 빠르다며 어학교를 추천했다. 우리는 등록할 수 있는 일본어학교를 알아보고 유학생 비자를 알아보고 대출을 받았다. 계속되는 입퇴원으로 재정은 바닥이 난 상태였다. 그래도 우리 부부는 나무가 하고 싶어 하는 공부를 지원하기로 했다. 이어 병원 진료를 하고 담당교수와 의논했다.

"어머니도 같이 가는 건가요?" 교수는 물었다.

"아뇨. 돈 벌어야죠." 나는 말했다.

교수는 나무의 도전을 반대했다. 하지만 나무는 뜻을 굽히지 않고 해보겠다고 했다. 결국 담당교수와는 3개월에 한 번씩 한국에 와서 진료받기로 약속했다. 나무는 사흘 만에 짐을 싸서 도쿄행 비행기를 탔다.

부산쯤 간 걸로 생각하기로 했다. 나무는 파주에서 타던 자전거를 분해해서 가져갔다. 우리도 어학교의 3평짜리 기숙사 방을 정리하고 살림살이를 챙겨줬다. 나무는 도쿄 시내를 자전거를 타고 다니며 베트남 친구, 독일 친구, 중국 친구들과 함께 일본어를 배웠다. 어학교 친구들과 축구를 하고, 자취방에서는 장수풍뎅이를 키웠다. 주말이면 자전거를 타고 인근의 바다를 보고 왔다. 또 한국인 사회인야구단에 가입해 형들과 야구를 하고 한국 음식을 먹기도 했다. 나무는 떨어져 있는 우리가 걱정할까 봐 SNS도 시작했다. 요리한 사진을 찍어 업로드하고, 자전거 타면서 바라본 풍경 사진을 찍기도 했다. 우리는 매일 SNS를 살피며 나무의 소식이 올라오면 안도했고, 요리하고 어학교 생활도 즐겁게 하는 것을 보고 뿌듯했으며, 나무의 글쓰기가 좋아졌다며 반가워했다.

하지만 좋은 일만 있지는 않았다. 방과 후에 테니스를 배우려고 했다가 인종차별을 경험하기도 했다. 자리가 있어도 한국인은 등록할 수 없다고 했다는 것이다. 나무는 인종차별의 경험을 말하면서 그래도 병원에 입원해 있을 때에 비하면 이 정도는 견딜 만하다고 했다. 조현병 환자로 사는 것보다는 외국인으로 사는 것이 낫다고 했다. 그렇게 낯선 외국 도시에서 나무는 하루하루 일상을 살아갔다. 볶음밥도 해먹고 빨래도 하고 청소도 했다. 우리 부부는 한 달에 한 번씩 번갈아가며 도쿄에 가서 나무의 상태를 확인하고 살림을 챙기고 돌아오기를 반복했다. 나무는 3개월에 한 번씩 진료를 받기 위해 한국에 들어왔다. 그렇게 1년 가까이 지냈다.

하지만 나무는 외로움을 견디지 못하고 한국으로 돌아오기로 결정했다. 한국에서 일본어 공부를 하고 다시 도전하겠다고 했다. 1년 동안의 도쿄 생활은 현지에서 일본어 공부를 한 것, 병원에서 생활하는 동안 경험하지 못한 넓은 세상을 경험한 것으로도 충분했다. 하지만 나무의 귀향은 순조롭지 않았다.

※

귀국 보름 전, 어학교에서 연락이 왔다. 나무가 사라졌다는 것이었다. 나는 떨리는 손으로 도쿄행 비행기표를 예매했다. 우리는 나무를 도쿄의 어느 경찰서에서 찾았다. 나무는 자신의 상태를 낙관했고, 자의적으로 단약했다. 나무는 재발했고, 일본 경찰은 나무를 일본 현지 병원에 입원시켰다. 조선의 마지막 왕녀 덕혜옹주가 입원했던 마쓰자와 병원이었다. 이때 어학교 선생님들의 도움이 컸다. 선생님들은 경찰과 병원에 나무의 상태를 설명하고 나무가 입원할 수 있도록 도왔다. 일본은 우리와 다르게 경찰서에 있는 사람을 가족들이 만나지 못한다. 변호사를 통해서만 만날 수 있다. 그 역할을 어학교에서 했다.

낯선 일본 땅에서 재발한 나무를 위해 우리는 팔방으로 뛰어다녔다. 어학교와 소통하고, 지인을 통해 한국 대학원생에게 통역 도움을 받았다. 하루하루가 판단과 결정의 연속이었다. 나무의 자취방 짐을 정리하고, 도쿄 성당에서 혼자 미사를 드리고, 흐드러지게 핀 우에노 공원 벚꽃 아래를 걸으면서도 울지 않았다. 울면 안 된다, 울면 안 된다고 주문을 외웠다. 그래도 나무의 빈 자취방에서 혼자 쪽잠을 잘 때면 흐르는 눈물을 참지 못했다.

지하철을 몇 번이나 갈아타고 간 동네에 병원이 있었다. 깔끔한 일본식 건물이었다. 잔디가 깨끗하게 깎여 있는 조경과 단정한 외관에 마음이 조금 놓였다. 조용한 1층 로비에는 진료를 기다리는 환자들과 접수처가 있었다. 한국 대학원생 통역자와 우리 부부는 엘리베이터를 타고 6층으로 갔다. 병원 복도 끝 진료실에서 일본인 의사를 만났다. 의사는 일본어와 영어를 번갈아 사용하면서 나무의 상태를 설명해주었다.

드디어 입원해 있는 나무를 면회할 수 있었다. 굳게 닫힌 유리문을 두 번 통과한 뒤, 벨을 누르고 병동으로 들어갔다. 나무는 불안한 눈빛, 보름 동안 아무것도 먹지 않아서 갑자기 말라버린 몸, 예상치 못한 상황에 압도당한 표정이었다. 엄마와 아빠에게 이 모습을 보여주기 싫었는지 왜 왔냐고 물었다.

"집에 가야지, 집에 같이 가려고 왔지." 우리는 대답했다.

주 1회 면회가 가능했다. 남편과 나는 번갈아가며 도쿄행 비행기를 탔다. 다시 의사를 만났다. 우리는 일본 의료진에게 기존 처방전과 복용약을 보여주고 그대로 진행해달라고 말했다. 하지만 의사는 난색을 표했다. 이 용량까지 안정적으로 올리려면 최소 6개월이 걸린다고 했다. 대신 전기경련치료로 급한 증상을 잡고, 비행기를 탈 수 있는 정도가 되면 한국에 가서 치료하는 것이 좋겠다고 했다. 6개월이라. 말도 통하지 않는 도쿄에서 지내기엔 무리였다. 우리 부부가 한국과 일본을 계속 오가는 것도 무리였다. 하지만 낯선 나라에서 낯선 치료를 해야 한다니 불안이 컸다. 영화 〈뻐꾸기 둥지 위로 날아간 새〉에서 묘사된 전기경련치료의 충격적인 장면도 떠오르고, 이게 잘하는 결정일까 고민이 깊었다.

불안은 불확실성에서 온다. 나는 폭풍 검색을 했다. 전기경련치료는 전신마취 후 1분 남짓한 짧은 시간 동안 두뇌에 약한 전류를 흘려보내 자극을 주는 치료법이다. 임상 경험이 충분한 의사가 전신마취가 가능한 대학병원에서만 할 수 있으며, 난치성 우울증·조현병 환자들이 약물과 병행하기도 하고 노인·임산부처럼 약물 복용이 어려운 환자들에게 적용한다고도 했다. 불안하지만 해볼 수밖에. 한국으로 돌아가야 그다음 치료를 할 수 있으니까. 우리는 새로운 치료에 동의했다.

나무는 전기경련치료를 12회 받았다. 다행히 치료 후 불안이 잦아들었고, 망상과 환청 모두 줄어들었다. 그제야 우리는 한국으로 돌아오는 비행기를 탈 수 있었다. 환자에게 지정해주는 비행기 좌석에 나란히 앉았다. 오는 내내 나무는 양쪽으로 엄마 아빠 손을 꼭 잡고 있었다. 불안을 견디느라 손에 땀이 흥건했다. 김포에 착륙한다는 안내방송에 가슴이 울렁거렸다. 무사히 돌아왔구나 하는 안도감 때문이었다.

✕

"어머니, 제가 의사 생활 하면서 이런 말씀을 드리는 건 처음입니다. 나무 씨 치료는 자신이 없습니다." 의사는 말했다. 김포공항에 도착하자마자 응급으로 입원한 협력병원 의사는 소아청소년 임상 경험과 클로자핀 약물 임상 경험이 부족했다. 의사가 치료에 자신이 없다는데 어쩌겠는가? 우리가 나무의 의사를 찾을 수밖에. 하루라도 빠르게 소아청소년 임상 경험과 클로자핀 약물 전문성이 있는 병원으로 옮겨야 했다.

다시 폭풍 검색을 할 수밖에. 그 결과, 나무의 주 치료제인 클로자핀 전문가로 알려진 교수가 경기 고양시에 있는 병원에서 진료하고 있다는 정보를 알게 되었다.《클로자핀 임상사용의 실제》라는 책을 통해 알게 된 정보다. 나는 책을 주문해서 꼼꼼히 읽었다. 클로자핀을 마지막 약물로 쓰고 있는 우리에겐 희소식이었다. 병원에 진료 예약을 했다. 입원 가능 여부를 확인했다. 가능하단다. 그 병원이라면 집에서도 가깝다. 보호자들이 병원에 오고 가기도 좋고, 퇴원 후 통원치료도 용이하다. 당장 전원 절차를 밟았다. 담당교수는 전기경련치료를 병행하자고 했다. 처음이 어렵지 두 번째 결정은 쉽다. 전기경련치료 덕분에 김포행 비행기를 탈 수 있었던 우리는 의사의 제안에 동의했다. 16회의 전기경련치료를 하면서, 클로자핀 용량을 조금씩 올렸고 주사도 맞기 시작했다. 증상이 조금씩 잡혔다. 드디어 통원치료 결정이 내려졌다. 나무가 퇴원했다.

도쿄에서 사라진 뒤, 집으로 돌아오기까지 7개월이 걸렸다. 이때가 2015년 10월이었다. 다 괜찮았다. 나무가 돌아왔으니. 나무를 잃어버리지 않았으니, 나무가 살아 있으니. 모든 것이 감사했다. 쓰러지면 또 일어나고, 1막이 끝나면 2막을 시작하면 되니까 말이다.

사회적 자리를
찾아가는 길

출장 중이었다. 창원에서 김해공항으로 이동할 때 비가 퍼부었다. 그래도 제주행 비행기는 예정대로 뜬단다. 빗길을 무사히 왔으니 차 한잔 마시며 숨을 돌리자 했는데, 전화가 왔다. 언제라도 두 손으로 받게 되는, 병원에서 온 전화다.

장애인 등록을 갱신하려면 진료 기록과 의사 진단서를 다시 받아서 구청에 제출해야 한다. 의사는 곤란한 목소리로 장애인 등록을 갱신하는 목적이 뭐냐고 묻는다. 목적이 뭐냐고? 또래 아이들에 비해 기능이 떨어지고 일상생활의 어려움을 겪는 것을 알면서 왜 물어보시지? 의사의 말은 기능이 많이 좋아졌기 때문에 장애인 등록 갱신을 장담할 수 없다는 것이었다.

"교수님, 그럼 아이가 집에만 있어야 할까요? 집에서 부모가 끼고만 있을까요? 기능이 나쁘면 나빠서 아무것도 할 수 없고, 좋아지면 좋아졌으니 제도 바깥에 있으라는 이런 모순이 어디 있나요? 결국 모든 게 가족의 몫이라는 걸 다시 한번 알려주시는 거죠?"

정리되지 않은 말들이 내뱉어졌다. 의사에게 따질 일은 아니었다. 쏟아내고 나니 기운이 빠진다. 비행기도 타야 하는데, 출장도 마쳐야 하는데. 눈을 감아도 쉴 수가 없다. 대신 가방에 넣어 온 헤르만 헤세의 《정원 가꾸기의 즐거움》을 펼쳤다.

"그가 갈망하는 것은 오로지 있는 그대로의 자기 자신으로 사는 것이다. 그것이 고향이다. 그것이 행복이다."[✣]

헤세가 정원에 있는 나무에게 하는 말이다. 그런데 내게 하는 말인 것 같기도 하고, 아이에게 하는 말 같기도 하다. 있는 그대로의 자기 자신으로 사는 것, 아이도 나도.

✣ 헤르만 헤세 지음, 배명자 옮김, 《정원 가꾸기의 즐거움》, 반니, 2019년, 79쪽.

나무가 처음 장애인 등록을 한 것은 2016년이었다. 대한민국 청년이라면 피해갈 수 없는 징병판정검사를 마친 후의 일이다. 2015년 10월 30일, 만 19세가 된 나무는 의정부 병역판정검사장에 갔다. A4 사이즈의 두꺼운 사전 네 권 분량의 진료 기록을 들고. 거기에는 그동안의 입원증명서, 6개월 이상의 통원치료 기록, 그리고 종합심리검사 결과지, 학교생활기록부 등이 들어 있었다. 그러니까 2008년 2월부터 2015년 10월까지 조현병과 함께한 역사가 담겨 있는 셈이다.

나무와 나는 검사장 입구에서 헤어졌다. 여기서부터는 나무가 혼자 해야 한다. 나무는 신체검사를 하고, 인성검사와 군의관 질병 면담까지 마치고 나왔다. 징병검사 결과는 6급 병역면제. 예상한 결과였다. 병역검사에서는 질병이 일상생활을 방해하는지, 군 생활을 방해할 만한 질병인지, 방해한다면 어느 정도인지를 살핀다. 조현병은 일상생활을 방해하고 군 생활을 정상적으로 하기 힘든 질병으로 분류된다. '조현병' 진단은 병역면제의 당연한 사유가 된다. 특히 군대는 총기를 다루는 곳이기 때문에 조현병 확진 환자는 면제 대상으로 우선 분류된다. 지적장애, 자폐성 장애도 마찬가지다. 신경증·우울증·강박증으로 6개월 이상 병원 진료를 받은 경우는 보통 4급 보충역으로 판정되는 경우가 많다고 한다. 나무는 '조현병' 병명으로 단번에 6급 병역면제를 받았다. 군대가 받아주지 않는 몸, 군대에 갈 수 없는 몸을 가졌다고 국가가 확인해주니 소외된 기분이 들었다. 우울한 기분을 떨칠 수가 없었다.

우리는 징병검사를 마친 기념으로 부대찌개를 먹기로 했다. 병역판정검사를 했다고 국가에서 식비와 교통비를 지급했다. 오늘의 검사를 위해 진료 기록을 준비하고 병역검사를 받느라 애쓴 우리를 위한 조촐한 파티다. 응원이자 위로 파티. 의정부 하면 부대찌개 아닌가. 한국전쟁의 씁쓸한 유산, 부대찌개. 우리는 부대찌개를 맛있게 먹고 오늘의 씁쓸함을 잊기로 했다.

병역판정검사가 예상대로 진행된 뒤, 다음 순서로 장애인 등록을 하기로 했다. 담당의사는 정신장애인의 경우 지원보다 낙인이 크다고 걱정했다. 별 혜택이 없는데 굳이 할 필요가 있냐며 다시 생각해보라는 것이었다. 하지만 우리는 하겠다고 했다. 계속 아플 거라면, 조현병을 가지고 살아가야 한다면 행정복지센터에 장애인 등록을 하고 지원받을 수 있는 사회 서비스를 받아야겠다고 생각했다. 그래야 우리 가족이 짊어진 돌봄을 국가와 나눌 수 있기 때문에.

><

가까운 행정복지센터에 갔다. 의사소견서와 진료 기록을 첨부해 장애인 등록 신청을 했다. 다음 단계로 국민연금공단에서 장애 정도에 대한 심사를 거쳐 장애 판정을 받는다. 정신장애의 경우 1년 이상 지속적으로 치료를 받았고 3개월 이상 약물치료가 중단되지 않았다는 기록을 제출해야 한다. 우리야 의료 기록이 차고 넘치도록 있다. 서류를 제출하고 한 달 정도 기다렸다. 결과가 통보되었다. 나무는 정신장애 3급 판정을 받았다.

정신장애는 다른 장애와 달리 1급에서 3급까지 분류된다.* 정신장애는 모두 중증장애다. 정신장애는 조현병, 분열형 정동장애, 양극성장애(조울증), 반복성 우울장애가 해당된다. 하지만 다른 장애는 총괄기능평가척도Global Assessment of Functioning Scale, GAF에 따른 판정 기준을 충족하기 어렵고 조현병은 대개 평가 기준을 충족한다. 따라서 정신장애의 대다수는 조현병 환자다. 정신장애에 발달장애나 자폐성 장애는 해당

---

* 2021년 4월부터 정신장애 4~6등급에 해당하는 경증 정신장애도 장애인 등록이 가능해졌다(장애인복지법 시행령 2조 1항 별표 참고).

하지 않는다. 이 장애는 별도로 분류된다. 이제 나무는 정신장애 3급, 중증장애인이 되었다.

이로써 나무는 지하철과 기차 승차권을 할인받고, 영화 관람이나 박물관 출입 시 할인 혜택을 받을 수 있게 되었다. 그렇다고 대학을 장애인 전형으로 간 것은 아니다. 정신장애 학생을 뽑는 대학은 없었다. 나무는 일반전형으로 대학에 진학했다. 대학 다니면서도 장애인이라고 등록금 혜택을 받는 것도 없었다. 등록금 지원은 1~2급 장애 학생만 해당됐다.

그럼에도 장애인 등록을 한 것은 잘한 결정이었다. 장애인 등록 갱신도 잘된 일이다. 장애인 등록을 했기 때문에 나무가 대학을 졸업하고 갈 곳이 없을 때, 지역 정신건강복지센터를 이용할 수 있었고 사례관리를 받을 수 있었다. 지역 센터는 소아조현병 환자를 위한 지원은 학생 정신건강 정기검사와 주의력결핍 과다행동장애ADHD에 대한 지원 등으로 국한되지만 성인 환자에 대한 지원서비스는 다양했다. 이것은 정신건강복지센터의 기능이 확대된 결과이다. 정신건강에 대한 사회적 지원 확대로 센터 사례관리사는 바리스타 자격증이 있는 나무가 카페에서 일할 수 있도록 추천해줬고, 병원 기반 동료 활동가 양성 교육에 지원할 수 있도록 안내했다.

이런 일은 부모가 할 수 있는 게 아니다. 우리는 병을 알리

고 장애인 등록을 하고 사회에 도움을 요청했고, 지역 정신건
강복지센터는 응답했다. 장애인 등록은 나무가 덜 외롭게 살
수 있는 사회적 장치가 됐다. 이렇게 나무는 자존하고 자립하
기 위한 길을 조금씩 만들어가고 있다. 병도 삶의 일부임을 받
아들여서 가능한 일이었다. 병을 가지고 살아가는 삶도 있고,
그 삶도 아름다울 수 있음을 말이다. 고통은 길지만, 그래서
순간순간 찾아오는 작은 행복이 소중하다는 것도 깨닫고 말
이다. 예를 들어, 징병검사를 마친 의정부에서 부대찌개를 맛
있게 먹는 순간을 즐기는 것처럼.

도전!
캠퍼스 라이프

똑똑. 연구실 문을 두드리고 들어간다. 5층짜리 건물 5층에 있는 건축학과 교수 연구실이다. 학부모를 만나고 싶어 한다는 연락을 받은 건 며칠 전이었다. 대학에서도 학부모 상담을 하나 궁금했지만 한편으로는 불러주시니 고마웠다. 나무는 이곳 대학교에 진학해 건축학과 1학년 1학기를 보내던 참이었다. 5년제 건축학과는 예상보다 훨씬 어려운 전공이었다. 공업수학도 해야 하고, 캐드CAD 설계도 배워야 했다. 중고등학교를 제대로 다니지 못한 나무가 따라가기에는 벅찬 전공이었다.

교수는 휴학을 권했다. 건축학과 인증 심사가 있는데 이렇게 따라오지 못하는 학생이 있으면 불리하다고 했다. 한 학기만 쉬고, 다음 학기에 오면 졸업할 때까지 잘 챙기겠다는 약속도 잊지 않았다. 우리는 고민했다. 건축학을 계속할 것인지, 아니 할 수 있을 것인지. 설계를 하면 밤도 새우고 팀 작업을 많이 해야 하는데, 나무의 컨디션으로 그런 활동을 할 수 있을지 고민이 많았다. 결론은 일단 휴학하고 고민하기로. 휴학할 때 나무는 타던 자전거를 교수에게 맡겼다.

기숙사에서도 쫓겨났다. 룸메이트가 약물 부작용으로 침을 많이 흘리는 나무와 같이 방을 쓰기 싫다고 한 것이다. 그리고 매일 밤 11시 30분이면 기숙사에서 군대처럼 점호를 하는데 나무는 그 시간에 출석하지 못했다. 이미 저녁 약을 먹고 잠들어 있는 시간이었다. 나무는 벌점이 쌓여 결국 기숙사에 다시 등록하지 못했다. 기숙사에 자신의 병을 알리고 도움을 받으라고 했지만 나무는 하지 않았다. 조현병에 대한 편견과 낙인이 두려웠기 때문이다.

대신 대학 상담센터 문을 두드렸다. 거기서는 질병을 알리고 도움을 청했다. 하지만 대학 상담센터는 대학 생활의 어려움이나 기초적인 심리상담을 하는 곳이지 조현병 환자를 돕는 기관은 아니었다.✝ 몇 회 상담을 받았으나 큰 도움이 되지 못했다. 결국 대학 생활은 나무가 혼자 헤쳐나가야 했다.

╳

다음 해, 나무는 건축학과에 복학하는 대신 다시 같은 대학에 입학 원서를 냈다. 나무는 처음 건축학과에 진학할 당시 장애인 등 대상자 특별전형이 아닌 일반전형으로 대학에 진학했다. 장애인 특별전형은 등록된 장애인이나 특수교육 대상자 학생들을 위한 대학 입시 정원 외 특별전형이다. 이 전형은 같은 조건의 학생들끼리 경쟁 선발하는 입시제도로 일반전형에 비해 커트라인은 낮지만 그렇다고 쉽게 합격할 수 있는 전형도 아니다. 학업수행 능력을 기준으로 합격 여부를 결정하며 입학사정관 재량으로 불합격 결정이 나는 사례가 잦다. 특히 정신장애인은 장애 유형에서부터 탈락이다. 사회적 관계

✝ 대학의 장애 학생 지원은 교육활동 편의 제공과 학습권 보장이 주를 이룬다. 교육지원인력을 배치하거나, 이동이 불편한 학생들을 위한 원격교육 프로그램을 지원하고, 신체장애 학생들을 위한 보조기기 지원, 그리고 대학 내 장애 인식 개선 교육을 지원하는 것이다(〈장애인 등에 대한 특수교육법〉 제5조, 제30조, 제31조). 다양한 장애유형 중에서도 이동권 보장이 필요한 장애와 학습을 위한 보조기기 지원, 활동지원사 인력 지원 등이 주 내용이다. 정신장애를 가진 학생에 대한 대학장애학생지원센터의 역할은 미비하다.

와 일상생활의 어려움이 장애의 주요한 내용이기 때문에 대학 학업을 유지하기 어렵다고 보기 때문이다.

장애인 특별전형의 모집 인원은 대학별로 다르다. 대학마다 전공마다 모집 여부, 모집 인원이 다르기 때문에 정보를 자세히 살펴야 한다. 장애인 특별전형인데도 정작 장애 학생의 대학 진학률은 높지 않다. 2022년 교육통계에 따르면, 일반고를 졸업한 장애 학생의 17퍼센트, 특수고를 졸업한 장애 학생의 3퍼센트가 대학에 진학한다. 제도적으로 장애 학생의 대학 진학이 열려 있다고 해서 현실에서 공평한 기회가 주어지는 것은 아니다. 선택할 수 있는 전공도 제한적이고, 입학전형에서 장애 학생이라는 이유로 선발에서 배제되기도 한다. 한 교대에서는 입시 성적을 조작해서 중증장애 학생을 탈락한 경우도 있었다.✢ 하물며 정신장애는 말할 것도 없다.

나무도 장애인 특별전형에 도전했었다. 면접도 봤다. 하지만 모두 탈락이었다. 결국 수능 점수는 보지 않고 검정고시 성적으로 일반전형에 지원할 수 있는 대학을 찾았다. 나무의 검정고시 성적으로 지원할 수 있는 몇 대학을 후보군으로 정했다. 집과 가까운 전문대학교와 지방의 종합대학교에 직접 방

✢ 이하늬, 〈"국립교대, 중증장애 이유로 입시 성적조작"〉, 《경향신문》, 2021년 4월 10일.

문해서 학교를 둘러봤다. 나무는 지방의 종합대학교가 좋겠다고 했다. 오랜 역사와 아름다운 캠퍼스를 자랑하는 사립 종합대학교였다. 드넓은 평지에 멋진 고목이 있는 캠퍼스가 마음에 든다고 했다. 나무는 그 대학 건축학과에 원서를 내고 합격했었다.

이번에는 두 번째 도전. 같은 대학에 전공은 다르게 지원했다. 전공은 산림조경학과. 곤충을 좋아하는 나무의 적성과 맞닿아 있고, 산림조경을 공부하면 치료에도 도움이 될 것이라고 생각해서 내린 결정이었다. 2018년 3월, 나무는 다시 입학을 하고 새로운 전공을 공부했다. 어려운 공업수학도 없고, 밤새워 할 팀 작업도 없었다. 다행이었다.

교수에게 맡겨둔 자전거를 다시 타고 대학 캠퍼스를 오가며 테니스 동아리, 야구 동아리, 노래 동아리도 기웃거려보고, 친구들과 어울려보기도 하면서 새롭게 대학 생활을 했다. 동아리 생활은 오래가지 못했고 학과 친구들과도 친해지지 못한 아웃사이더였지만, 집에 있는 것보다는 훨씬 나았다. 들어야 할 수업이 있고 해야 할 일이 있고 어딘가에 소속되어 있다는 느낌이 나무의 자존감을 향상시켰다. 대학 때 들었던 수업 중 종교학 개론, 영화 비평 수업, 글쓰기 수업이 좋았다고 나무는 기억한다. 읽고 쓰는 수업은 전공수업보다 따라가기 수

월했기 때문이고, 발병 전부터 책 읽고 글 쓰고 영화 보는 것을 좋아했던 나무의 취향이 반영된 것이었다.

하지만 그 생활도 금방 끝났다. 코로나19 팬데믹으로 학교 수업이 온라인·오프라인 병행 수업으로 바뀌면서 학교에는 일주일에 하루이틀 나가는 식으로 변경됐다. 나무도 학교 인근 자취방을 정리하고 서울에서 KTX를 타고 통학했다. 어쩌다 꼭 자야 하는 날에는 학교 앞 모텔에서 하루씩 머물렀다. 대학을 다닌 듯 다니지 않은 듯한 2년이었다. 그래도 나무는 대학을 계속 다녔다.

><

나무의 대학 진학은 사회성 훈련의 목적이 가장 컸지만, 그걸 넘어 스무 살이 된 나무가 '앞으로 무엇을 할까? 어떤 일상의 규칙을 만들어야 할까?' 하는 삶에 대한 고민을 하기 위한 선택이었다. 나무도 소속될 커뮤니티가 필요했고 사회 성원으로 잘 살아가야 하기 때문이다. 그렇게 시작한 대학을 6년 동안 다녔다.

조현병을 가지고 대학 공부를 하는 것은 어려웠다. 게다가 입퇴원을 반복하면서 중고등학교 시절을 보냈기 때문에 기초 학력이 부족했다. 시험기간 때는 어디서부터 어떻게 해야 할지 몰랐다. 학과에 친한 친구가 없다 보니 정보를 알기가 어려웠고, 질병으로 인한 인지능력 저하와 사회적 기술 부족으로 대학 생활을 하는 것이 어려웠다. 약을 먹으면서 12시간 이상 자야 하는 나무에겐 수업에 출석하는 것, 부모와 떨어져서 자취를 하는 것 자체가 대학 생활의 가장 큰 미션이었다. 출석해서 강의실에 앉아 있는 것이 가장 우선이었고, 수업 마치고 돌아와서 청소하고 빨래하고 먹거리를 챙겨야 하는 것이 두 번째 주요 과제였다.

그러면서도 방학 때마다 바리스타 학원을 다니고, 자전거 정비 학원을 다니고, 제과제빵 학원을 다니고, 일본어 학원을 다녔다. 나무는 끊임없이 움직이고 모색했다. 병을 가지고, 약을 먹고 주사를 맞으면서도 살아가는 내가 여기 있다고 말하는 것 같았다. 대학 졸업이 뭐 그리 어려운 일인가 하겠지만, 나무에게 그 6년은 도전의 연속이었다.

2023년 2월, 아름다운 겨울 캠퍼스에서 나무는 사각모를 푸른 하늘 위로 날리며 졸업을 했다. 누구보다 애쓴 나무를 위해 우리는 교정이 떠나가게 손뼉을 쳤다. 영자 씨도 부산에서 고령의 몸을 이끌고 오셨다. 다른 손주 졸업식은 안 가도 나무 졸업식에는 참석해야 한다며 기차를 두 번 갈아타고 오신 것이다. 나무는 할머니 손을 잡고 캠퍼스 여기저기를 다니며 여기서는 테니스를 쳤고, 여기서는 야구를 했고, 여기서는 노래를 불렀다고 알려주었다. 우리는 그 이야기를 오래오래 들었다. 그리고 겨울 햇빛이 찬란한 캠퍼스를 마치 내 것인 양 누리기로 했다. 그날 우리는 사진을 100장은 찍었을 것이다. 마음껏 뛰고 발을 구르면서, 우리끼리 졸업식을 성대하게 치르고 짜장면을 먹었다. 역시 졸업식 날에는 짜장면이지, 하면서.

안녕하세요? 저는 나무 씨의 하나뿐인 동생입니다. 제가 만 아홉 살, 오빠가 만 열한 살일 때 오빠의 조현병이 발병했어요. 발병 전 우리는 '이상적인 가족'이었다고 기억합니다. 어느 겨울 축제에서 넷이 함께 얼음 낚시를 하고 이글루를 만들었던 시간이 제 마음속에 여전히 행복했던 순간으로 남아 있어요.

그러던 어느 날, 함께 살던 친할머니가 쓰러지시고 오빠가 이상해졌습니다. 어린 저는 상황을 파악하지도 못했어요. 그때부터는 혼란의 연속이었습니다. 제게는 청소년기의 기억이 많지 않아요. 모든 순간이 흐릿합니다. 몇 학년 몇 반이었는지, 어떤 담임 선생님을 만났고 어떤 친구들과 지냈는지도 기억이 잘 안 납니다. 대신 초등학생 때 맨발로 집에서 뛰쳐나와 거리를 돌아다녔던 장면만 선명하게 떠올라요.

그만큼 오랜 시간 저는 온전하지 못했던 것 같아요. '미친 오빠, 날 방치하는 부모 그리고 세상에서 제일 불쌍한 나' 이렇게 생각했죠. 오랜 시간 분노에서 헤어나기 어려웠어요. 오빠의 동생이라는 이유로 놀림받고, 그게 싫어서 어울리지 않는 강한 척을 하기도 했어요. 대학을 간 이유도 '집'에서 나오고 싶어서, 그뿐이었습니다. 그러나 물리적으로 그 공간을 벗어났다고 한들

심리적으로 자유로워지진 못했어요. 오랜 시간 방황하고 원망했고 스스로를 괴롭혔습니다.

서론이 길었네요. 중요한 건, 저는 이제야 그 과거에서 벗어나 스스로 서 있게 되었다는 것입니다. 진심으로 모두를 용서했고 더는 원망하지 않습니다. 가족들도 자주 만나고 오빠와는 카톡으로 수다도 떨죠. 저희 넷 모두가 이렇게 살아남았다는 것. 저는 그걸로 충분하고 또 기적이라고 생각해요. 누구 하나가 지쳐 포기해도 이상할 일 없는 날들의 연속이었으니까요. 영원할 것 같던 고통의 순간들은 영원하지 않았어요. 우리는 지금 이 순간에도 변화하고 나아지고 있죠.

'조현병'. 질병 자체뿐 아니라, 당사자와 가족에 대한 편견과 쉽게 뱉어버리는 말들에 저희 가족은 많이 아팠어요. 저도 당사자 가족으로 오랜 시간에 걸쳐 그로 인한 상처들을 극복하려고 노력해왔고, 아직도 덮어놓은 기억을 들추어내는 것에 어려움이 있어요. 예를 들면 엄마와 오빠가 출연한 유튜브 영상을 보는 데도 많은 용기가 필요한 것처럼요. 우리 곁에는 다른 이에게 피해를 끼치지 않으며 자신의 삶을 포기하지 않고 어떻게든 오늘을 살아가기 위해 애쓰는 당사자와 그들의 가족이 있어요. 한 개인이 가진 어떤 질병만으로 그 사람의 전부를 판단하지는 않았으면 합니다. 질병은 그 사람의 일부일 뿐이니까요.

나무 씨를 비롯한 우리 가족 정말 고생 많았다고 이야기해주고 싶어요. 그리고 제가 흔들릴 때마다 곁에서 힘이 되어준 수많은 친구들에게 진심으로 고맙다는 말을 전합니다. 또 많이 미안했습니다.

어떤 고통도 영원하진 않습니다. 지금 어려운 시간을 보내고 있는 분이 계신다면, 제 말을 믿고 조금만 더 살아보세요. 언젠가는 나아집니다. 정말이에요.

다들 오늘도 살아내느라 고생이 많으십니다. 제 편지를 읽어주셔서 감사합니다. 건강하시고, 편안하세요.

P.S. 나무 씨 취업을 기원합니다! 운전면허도 같이 공부해서 얼른 땁시다~^^.

불안이
말을 걸어올 때

그와 약속이 있었다. 금요일 오후 5시, 이르게 만나서 불광천을 산책하고 그 자리에서 20년을 장사했다는 고깃집에서 저녁을 먹기로 했다. 부쩍 '내가 뭐 하고 있나? 이렇게 살아도 되나?' 하는 생각이 든다는 나무 씨는 "가끔씩 저랑 밥도 먹고, 커피도 마시고, 산책을 하는 게 힘이 됩니다"라며 데이트의 명분을 찾았다.

버스를 타고 네 정거장을 가면 그의 방이 있는 동네다. 버스에서 내려 3분 정도 걸어가면 북한산 자락이 보이는 커다란 창이 있는 오피스텔이 나온다. 지은 지 얼마 되지 않은 신축 건물 1층에 부동산 사무실이 있고, 현관 옆에는 테이블과 벤

치가 있다. 이 건물 6층에 그가 산다.

"나갈 준비 다 되면 말해줘."

나무 방에 먼저 도착한 나는 나무에게 말한다. 어제 도착했다던 사이드 테이블이 잘 조립되어 있다. 나무는 독립한 뒤로 방 곳곳을 자기 취향으로 채웠다. 잠시 소파에 앉아 계단 위 복층 공간을 바라본다. 침대 옆 공간은 반려동물 공간이다. 그는 햄스터 한 마리와 여러 마리의 장수풍뎅이, 사슴벌레와 함께 산다. 싱크대에는 좀 전에 마셨는지 레몬차가 담긴 컵이 있다. 창이 커 볕이 잘 드는 덕인지 반려식물도 잘 자란다.

그는 지난 연휴에 챙겨 간 여름 옷을 꺼내 정리하고 있다. 그런데 손은 느릿느릿하고, 눈빛은 불안하다. 좀 전까지 기분이 좋았던 그다. 불안이 또 느닷없이 들이닥친 모양이다. 오늘 불광천 산책은 어렵겠다. 나는 불안한 그의 눈빛을 애써 못 본 척한다. 대신 옆에서 수건을 걷어서 접고, 그가 정리하던 여름 옷을 마저 걸고 겨울 옷은 위층 장에 옮겨 넣는다. 창문을 활짝 열고 미니 선풍기를 돌린다. 레몬이 담긴 컵을 닦는다. 화장실은 깨끗하다. 손만 씻고 나온다. 곤충 톱밥이 떨어져 있어 청소기를 아래 위층을 오가며 돌린다. 그래도 그의 불안은 잦아들지 않는다.

나는 소파에 모로 누워 무음의 동영상을 본다. 이럴 땐 아무 생각 없이 시간을 흘려보내야 한다. 읽던 책을 가지고 오지 않았다. 아쉬운 일이다. 그는 계속 서성거린다. 잠시도 가만히 있질 못한다. 6평 오피스텔의 좁은 주방과 거실을 왔다 갔다 한다. 불안한 눈빛은 계속 흔들린다. 그사이 시간은 흐른다. 저녁 8시가 다 되어 나는 소파에서 일어났다. "집에 갈게, 내일 다시 올게." 그는 안 된단다, 저녁 먹기로 하지 않았냐며. 나는 다시 소파에 앉는다. 그는 외출할 티셔츠를 고르고 갈아입는다. 1시간이 걸린다. 그 위에 입을 점퍼를 고른다. 또 1시간이 걸린다.

⤬

드디어 오피스텔을 나섰다. 바로 옆 고깃집으로 향했지만 그는 불안한 눈빛으로 옷자락을 계속 만지작거리고 있다. 고깃집 문 앞 전봇대 옆에서 갈등한다. 들어갈까 말까. 자리에 앉는 데까지 38분이 걸렸다. 들어가서도 먹느니 마느니, 앉느니 마느니 하는 우리를 지켜보던 주인장이 "어머니, 안 드셔도 되니까 여기 앉아서 말씀 나누세요"라고 말해준 덕이다. 주인장은 살얼음이 올라간 사이다를 가져와 잔에 따라준다. 그는 계속 고민 중이다. 무엇을 시킬지, 1인분을 시킬지 2인분을 시킬지, 많은 질문들 사이에 있다. 나는 묻고 기다리기를 무한 반복한다. 머릿속은 복잡하다. 다음 진료가 언제더라, 의사에게 약을 다시 증량하자고 해야겠군, 이렇게 따로 사는 것이 맞을까, 사람들에게 나무 씨는 어떻게 보일까, 그게 뭐 대수라고, 좀 더 뻔뻔해져야 하는데 그게 안 되네, 아직도 수용이 안 되는 건가… 생각이 꼬리에 꼬리를 문다.

고기는 1인분으로 결정했다. 내가 말 한마디 없이 고기를 굽고 있으니 주인장이 사이다 한 병을 더 갖다 준다. 주인장은 "어머니께 한잔 따라드리세요"라고 그에게 말했다. 그는 떨리는 손으로 사이다를 따른다. 나는 앞으로 나무 씨와 어떻게 살아야 할까, 곧 서른인 이 청년은 어떻게 해야 행복하게 살 수 있을까, 사이다를 마시며 생각했다. 그사이 나무 씨는 맛을 느끼지 못하는 표정으로 고기를 다 먹었다.

방으로 돌아와 저녁 약을 먹고 양치를 하고 손발을 씻고 눕는 아들에게 "잘 자, 꿀잠 자. 내일 또 올게" 하고 방을 나섰다. 자정이었다. 딸이 차를 가지고 왔다. 오빠는 괜찮냐고, 내겐 고생했다고 했다. 9분 거리의 집으로 돌아와 세수를 하고 타이레놀을 한 알 먹고 누웠다. 잠이 오지 않을 것 같은 밤이다. 그래도 자야 한다. 내일은 불안하지 않은 아들과 오늘 하지 못한 데이트를 마저 해야 하기 때문이다.

"사람이 다른 사람의 입장이 되어볼 수는 없다고 생각합니다. 그래서도 안 되고요. 할 수 있는 일은 자신의 자리를 가능한 한 충실하게 지키면서, 다른 누군가가 된다는 것은 어떤 일인지 상상해보려고 애쓰는 것이지요. 하지만 그런 상상을 하고 있는 것은 당신 자신입니다. 그게 다예요."∵

나는 내 자리를 충실하게 지키고, 그의 질병과 불안과 경험을 상상해보려고 애쓸 것이다. 그것이 내가 할 수 있는 일의 전부다.

다음 날 우리는 또 만났다. 초저녁이었다. 혹시라도 몰려올지 모를 불안을 피해야 한다. 고깃집 주인장은 우리를 반갑게 맞는다. 나무 씨에게 선물이라고, 혼자 밥 먹을 때 반찬하라고 마늘장아찌를 싸 준다. 우리는 고기 2인분을 먹는다. 머리를 맞대고, 어제는 아무 일도 없었던 것처럼 하하 호호 웃으면서 먹는다. 이렇게 또 시간이 흐른다. 어제를 견뎠으니 오늘이 있다. 나는 나무 씨의 불안을 상상해보려고 애를 쓰고, 그는 나의 경험을 상상해보려고 애를 쓸 것이다. 서로에게 서로가 스승이다.

∵ 김현우, 《타인을 듣는 시간》, 반비, 2021년, 200쪽.

✕

다음 진료일이다. 주로 불안에 대해 이야기를 나눴다. 의사
는 불안증상을 단기 완화해주는 비상약 자낙스Xanax를 처방
해주었다. 2주 뒤 다시 진료일이 돌아왔다. 자낙스가 도움이
되었다고 이야기했다. 의사는 그렇다면 불안증상을 완화해주
는 약을 비상약으로 먹지 말고 항상 먹자고 제안하며, 자낙스
보다 효과 있는 리보트릴로 바꿀 것을 권했다.

나무는 원래 리보트릴을 먹고 있었다. 리보트릴은 졸음이
쏟아지는 부작용이 있다. 나무가 복용 후 오래 잠자는 게 힘들
다고 했더니 의사가 감량해보자고 했던 것이다. 그랬더니 불
안이 심해졌고, 다시 원래대로 돌아왔다. 그럼에도 자낙스보
다 리보트릴을 권하는 이유는 환청에 도움이 되기 때문이란
다. 환청 때문에 불안이 오는 거라고. 불안만 조정되면 나무
는 잘 지낼 것이다. 우리는 리보트릴에 다시 기대어본다. 아무
것도 할 수 없는, 꼼짝달싹할 수 없는 불안에서 놓여난다면 살
만할 것이다.

오늘 아침, 나무는 일어나지 못한다. 리보트릴 때문이다. 적
응하려면 또 시간이 걸릴 것이다. 일주일이 걸릴까? 아니면
열흘, 그 이상? 오늘은 늦잠을 자기로 한다. 지금은 잠이 더 소

중하기 때문이다. 인간의 몸은, 인간의 뇌는 이렇게 유약하다. 약 한 알에 불안을 의탁한다. 불안에 사로잡혀서 사는 것은 고통이다. 손 위의 이 작은 약이 삶을 뒤덮는 고통에서 그를 구원해주길 바란다.

서로의 눈으로 볼 수 있다면

"난 그저 누군가의 창문을 찍는다.
그게 뭐 대단한 업적이라고 생각하지는 않는다."

_ 사울 레이터

사울 레이터, 그를 만났다. 언제나 젊은 이방인 사울 레이터. 그가 찍은 사진 하나하나에 이야기가 꽉 차 있다. 창문에 비치는 아이의 눈망울과 창문 너머 굽은 노인의 등, 주근깨가 잔뜩 있는 여자아이의 반항적인 눈빛, 눈과 습기를 가득 품은 창문, 빗방울, 빨간 우산, 파란색 차, 눈을 맞고 걸어가는 굽은 뒷모습…. 이런 장면들이 둥둥 떠다닌다. 멈춰 있는 사진이 아니라 영상의 한 장면 같다.

오래 무명이었고, 짧게 유명했고, 죽고 나서 더 유명해진 그의 작품을 전시 한 번으로 이해하긴 쉽지 않다. 우선 그에게 영감받았다는 영화 〈캐롤〉(2016)을 보고, 그다음 사울 레이터의 다큐멘터리를 보기로 한다. 그리고 전시를 다시 봐야겠다. 조금 더 시간을 들여 알고 싶은 세계다.

오늘 전시는 나무와 함께 갔다. 나무는 설렜는지 전시 시간보다 2시간 일찍 와 있었다. 엄마와의 데이트가 얼마 만인가.

게다가 전시는 처음이다. 반찬를 내고 가는데 나무가 참다 못해 두 번 전화를 했다. 드디어 모자상봉, 우리는 만났다. 나무는 먼 길 온 내게 커피를 사주었다. 커피가 향긋하니 맛있다. 커피를 마시고 예약한 티켓을 교환했다. 코트와 가방을 사물함에 넣어두고, 가뿐하게 전시장에 입장했다. 전시 공간이 넓지 않았다. 1층은 초기 흑백사진, 2층은 컬러사진 순서로 전시되어 있었다. 나무는 어둡고 좁은 공간을 불편해한다. 결국 전시를 끝까지 보지 못하고 먼저 나갔다. 그래도 이 정도가 어딘가. 나를 기다려주다니.

저녁 식사를 하러 갔다. 데이트의 꽃은 식사니까. 나무가 예약해둔 태국 음식점까지 걸어갔다. 가는 길에 또 처음이라는 명동성당에 들렀다. 나무는 명동성당에서 미사 드리는 게 소원이란다. 그까짓 소원 들어줄게. 이번 주일에 오기로 했다. 식당에 자리를 잡고 앉는데, 나무는 불안이 밀려오나 보다. 잘 참고 식사를 끝까지 했다. 집으로 돌아올 때도 불안은 잦아들지 않았지만 나무는 잘 참았다. 엄청난 진전이다.

노을이 지는 시간에 그는 자주 불안해한다. 불안 때문에 저녁 외출은 꿈도 꾸지 못했던 때도 있었다. 이제는 불안도 망상도 환청도 조금씩 친해지는 중이다. 아주아주 조금씩이지만 말이다. 나무는 가끔 불안한 눈빛으로 "엄마가 가짜로 느껴지는 건 내 망상이지?"라고 묻는다. 열세 살에 조현병이 발병한 나무는 불안·망상·환청, 조현병의 3대 증상을 모두 가지고 있다. 웬만한 약은 듣지 않는다. 조현병 치료제 중 가장 마지막에 쓴다는 클로자핀을 먹어야 하고, 약도 모자라 주사를 맞아야 한다. 이제 서른을 바라보는 청년이 된 아들에게 증상은 여전히 무겁고 견딜 수 없는 혼란이다. 모든 순간은 도전이다. 혼자서 전시장을 찾아오는 것도, 전시를 보는 것도.

그래도 병과 함께 살아야 하기 때문에 아침에 4알 저녁에 12알의 약을 먹고, 두 달에 한 번 주사를 맞는다. 하루에 12시간을 자야 하지만, 그러면서도 나무는 학교를 다니고 자전거를 타고 컴퓨터를 조립해왔다. 좋아하는 축구 경기 중계를 보고, 야구 시즌에는 롯데 자이언츠를 응원하고, 테니스는 조코비치 경기를 즐겨 본다. 아침에 일어나면 제일 먼저 할머니께 전화하고, 일주일에 한두 번은 쌀을 씻어 저녁밥을 하고, 반려동물을 보살핀다. 이 아이에게도 생활이 있고, 사랑하는 사람이 있고, 취향과 취미가 있고, 하고 싶은 것이 있다.

사울 레이터가 창문을 통해 어렴풋이 사물을 본 것처럼, 아이는 조현병이라는 필터를 끼고 세상을 살아간다. 이 아이의 세상은 어떨까. 나도 살아보지 못한 세계다. 그냥 엿볼 뿐이다. 해줄 수 있는 것이 별로 없다. 다만 포기하지 않고 지치지 않는 것이 그를 위해 할 수 있는 것이다. 언제나 이방인, 그에게도 인생이 있다. 그만의 세계가 있다.

불안이 잦아들었는지 아들이 밝은 목소리로 말한다. "엄마. 오늘 나는 좋았어요. 내가 불안해서 더 놀지 못했네. 아쉬웠죠? 다음에는 사울 레이터 영화도 보러 가요." 그래 그러자, 아들. 또 놀자.

자기 돌봄의
기쁨

이곳은 내 집이다. 창문 밖 풍경이 마음에 든다. 공사철인지 공사 현장이 좀 보이지만, 서쪽으로 난 창으로 낮에는 북한산 끄트머리가 보이고 밤이면 길 건너 아파트 불빛이 보인다. 창 앞에 놓인 그레이색 슈퍼싱글 침대 위에는 지난겨울에 바꾼 민트색 이불이 덮여 있다. 그 옆으로 선배에게 선물받은 기다란 스탠드가 놓여 있고, 책꽂이 겸 장식장으로 쓰는 선반형 꽂이가 있다. 어머니가 사주신 무선 청소기, 그 옆에 컴퓨터가 놓인 빌트인 테이블이 있다.

왼쪽 벽면 전체가 수납 공간이다. 옷, 속옷, 양말이 가득한데 앞으로 잘 정리해 넣을 수 있겠지. 그 앞에 햄스터가 살고 있는 커다란 리빙박스 하나와 사슴벌레가 사는 작은 리빙박스들이 있다. 냉장고에는 냉동 도시락이 몇 팩 있다. 냉장고 옆에 숙모가 보내준 전자레인지, 이모가 선물한 3인용 전기밥솥이 있다. 현관에는 슬리퍼 하나와 운동화 두 켤레, 아끼는 하이브리드 자전거가 세로로 세워져 있다.

여기서 나는 스물여덟의 봄을 지나 여름, 가을을 지낼 것이다. 아침 8시에 일어나 자몽향 바디워시로 샤워를 하고, 아침 약을 들고 8시 30분 지하철을 탈 것이다. 출근하고 학교 가는 사람들과 함께 지하철에 몸을 싣고, 센터에 가서 컴퓨터를 배우고, 점심을 먹고 이 방으로 돌아와서 4시간 재택 아르바이트를 하고, 도시락을 데워 먹고 헬스장에 가서 운동을 하고, 저녁 약을 먹고 9시쯤 잠에 들 것이다. 한 달에 한 번 병원에 가서 주사를 맞고 처방을 받고, 주말에는 본가에서 아버지의 두부찌개와 어머니의 부추전을 먹을 것이다.

나의 일상은 평범해 보이지만, 열세 살에 어린이병원에 입원했을 때는 상상할 수 없던 일이다. 스물여덟은 그냥 오지 않았다. 그것은 상상 이상이다.

여기까지는 나무 씨가 되어 써본 일기다. 이사하는 날의 일기. 이후 해피엔딩이었으면 좋았겠지만 계획은 수정하라고 있는 법. 나무는 아침 8시에 일어나지 못했고, 재택 아르바이트를 구하지 못했으며, 헬스장도 여남은 날밖에 가지 못했다. 빨래는 자주 쌓여갔고, 6평 오피스텔 바닥에는 사슴벌레 톱밥이 나뒹굴었다.

나무의 독립은 1년 뒤 오피스텔의 계약기간이 끝난 날 중단됐다. 나무는 일자리를 구하지 못했고, 주중에도 본가에 자주 왔다. 경제적 독립이 되지 않은 독립은 독립이 아니었다. 무엇보다 외로움이 컸다.

하지만 의미 있는 시간이었다. 나무는 밀린 빨래를 돌리고 널고, 카레라이스를 데워 먹고 이따금 파스타를 요리하고, 분리수거를 했다. 플라스틱은 플라스틱대로 종이는 종이대로 버리기. 이건 나무가 가장 자신 있는 종목이다. 게다가 매달 관리비 청구서도 챙겼다. 이웃도 생겼다. 오피스텔 1층의 부동산 사장과는 국밥을 두 번 먹었고, 길 건너 돼지껍데기 구이집 사장은 마늘장아찌를 챙겨 줬다.

혼자 산다는 것. 밥을 챙기고 설거지하고 빨래하고 청소하는 것. 이것은 자신을 돌보는 일이다. 나무는 1년 동안 자신을 돌보는 법을 배웠다. 다시 본가로 들어온 나무는 쌀을 씻어 밥하고 퇴근하는 엄마를 기다린다. 수저를 놓고 반찬을 챙긴다. 식사 준비는 나무가 설거지는 엄마가, 이렇게 역할을 분담한다.

본가에서도 분리수거와 음식물 쓰레기 버리기는 나무 몫이다.

><

　정신질환 당사자에게 생활훈련, 즉 자기 돌봄은 필수다. 병을 진단받고 초기 발병 단계에 적극적인 치료를 하며 어느 정도 기능이 회복되었다면, 다음 단계는 일상생활을 잘 영위하는 것이 치료의 핵심이다. 식사 챙기고 빨래하고 청소하는 것, 아침에 일어나고 저녁에 잠드는 것, 한 달 생활비를 관리하는 것, 이런 일상을 유지하고 관리할 수 있어야 조현병과 더불어 살아갈 수 있다.

　조현병 치료는 3단계로 나눠볼 수 있다. 1단계가 정확한 증상을 파악하고 그것에 맞는 치료법을 찾는 것이라면, 2단계는 퇴원 후 외래 치료를 하면서 친밀한 사람들과 어울리는 생활로 복귀하는 과정이고, 3단계는 새로운 사람들과 관계 맺고 직업교육을 거쳐 경제적 활동을 하는 것이다. 당사자의 자기 돌봄은 2~3단계에 걸쳐 조현병 치료의 기본이 된다. 가족이 당사자의 식사·빨래·청소를 챙기는 것은 한시적이다. 더군다나 가족 유형이 다양해지고 있는 지금의 상황에서 가족 돌봄에만 기댈 수는 없다. 특히 대개 청년기에 발병해 평생 가는 질병이 조현병이기 때문에 당사자가 스스로를 돌볼 수 있어야 이 병과 오랜 기간 동거하면서 살아갈 수 있다.

당사자의 자기 돌봄을 돕는 정신재활시설은 1986년 최초로 시작한 서울 마포의 '태화샘솟는집'을 비롯해 전국에 295개가 있다.[*] 가정에서 생활하기 어려운 정신질환자들에게 주거·생활지도·교육·직업재활훈련 등의 서비스를 제공하는 생활시설, 정신질환자들에게 작업·기술지도·직업훈련·취업지원 등의 서비스를 제공하는 주간재활시설, 공동생활가정, 지역사회전환시설, 직업재활시설, 아동·청소년정신건강지원시설 등 재활훈련시설과 중독자재활시설, 생산품판매시설 그리고 이것을 종합적으로 제공하는 종합시설 등이 있다.

나무는 시설을 이용하기보다 가정에서 보살피는 게 우선인 어린이 시절에 발병했고, 망상의 내용이 '가짜 엄마가 있다' '엄마 아빠가 나를 버릴지도 모른다' 등 가족과 관련됐기 때문에 그 망상이 강화되는 것을 막고자 가정에서 생활하는 시간이 필요했다. 그렇게 나무는 증상을 조금씩 완화시키며 성인이 되었다. 이제는 나무가 스스로 자기 돌봄을 할 수 있도록 돕는 것이 완화된 증상 유지를 위해 가장 최선이었다.

나무가 독립하겠다고 했을 때, 우리는 반대하지 않았다. 대

✛ 한국정신재활시설협회 누리집.

출발아 보증금을 마련하고 매달 생활비를 대느라 허리가 휘었지만 이것도 치료라고 생각했다, '입원비보다 훨씬 *싸잖아*' 하면서. 혼자 일상을 꾸리는 것, 자기 공간을 청소하고 생활비를 챙기는 것, 이것들은 '어른'이 갖춰야 할 기본 소양이니까. 대개는 우리가 먼저 갈 것이고, 우리가 떠난 다음에 나무는 혼자 살아가야 하니까.

⤬

　나무는 자취 생활 1년 만에 집으로 돌아왔다. 나무의 오피스텔을 정리하고 버릴 것은 버리고, 팔 것은 팔고, 집으로 가져올 것은 싼다. 1.5톤 트럭을 불러 기사님과 함께 이사를 한다. 그나마 수월하다. 5월 안에 이사를 하기로 했으니 이사 날은 5월 31일로 정했다. 이사 며칠 전부터 나무의 오피스텔을 오가며 하루는 주방, 하루는 옷장, 하루는 욕실, 이렇게 구역을 나눠서 짐을 정리하고 청소했다.

　그러는 한편, 나무의 짐이 들어올 수 있게 우리 집도 정리했다. 가구 배치를 다시 하고, 묵은 이불을 버리고, 헌 옷을 정리하고, 책도 팔 것과 소장할 것으로 구분하고, 주방 싱크대 안을 정리했다. 두 집 살림을 합치니 일이 많다. 손가락 관절이 아프다.

이사 후, 거실에 가득이던 짐이 어느 정도 정리되는 데에도 일주일이 걸렸다. 우리는 다시 다 함께 초여름을 맞이했다. 달력을 보니 내일부터 나흘간의 연휴가 있었다. 나무는 연휴 동안 무얼 할지 고민하더니 자전거 여행을 가겠다고 했다. 양평으로 자전거를 타고 갔다가 올 때는 시외버스에 자전거를 싣고 돌아올 계획이란다. 그래, 잘 생각했다. 생각해보니 혼자 자전거 여행을 가는 것은 처음이다. 늘 아빠와 함께 갔었는데, 혼자 도전해보겠다니 당연히 응원해야지. 나무는 자전거 여행자들이 묵는다는 숙소를 예약하고, 자전거 코스를 알아보느라 분주하다. 일기예보도 확인하고 갈아입을 옷과 먹을 약을 챙겨 가방도 미리 싸둔다.

다음 날 오전, 나무는 헬멧을 쓰고 자전거 페달을 힘차게 밟아 여행을 떠났다. 혼자 자전거 여행이라니. 지난해 유월에는 상상조차 못 한 일이다. 나무가 아프고 나서 처음 있는 일이다. 기적은 있다. 살다 보니 이런 날도 있다. "양평에 도착했어요." 나무에게 연락이 왔다. 자전거를 타고 가면서 다른 여행자와 동행했단다. 밥도 같이 먹었다고, 약 먹고 일찍 자야겠단다.

"이 경기에서 나는 결승점을 향해 서둘러 달려가지 않는다. 결승점이란 없기 때문이다. 따야 할 메달이나 트로피도 없고

찬가도 응원도 없다. 또 하루를 살아냈다는, 내가 사랑하는 사람들과 또 하루를 보냈다는 깊은 만족감만 있을 뿐."※

지난 1년 동안의 자취 생활은 빨래·청소·설거지 등 생활 기술을 익히는 데 큰 도움이 되었다. 그리고 무엇보다 나무가 의젓해지고 씩씩해졌다. 혼자 자전거 여행을 떠나겠다고 생각하게 된 것도, 2박 3일 여행을 무사히 마치고 돌아온 것도 어쩌면 지난 1년의 자립 연습 덕분인지도 모르겠다. 혼자 밥하고 분리수거를 하는 일상, 그렇게 하루를 보내는 것이 나무에게 살아 있다는 느낌을 줄 것이고, 또 내일을 살게 할 것이다.

오늘 저녁에는 나무가 밥을 고슬고슬하게 할까? 소고기뭇국은 데워놓을까? 날이 선선해지면 요리도 부탁해야겠다.

※ 바버라 립스카·일레인 맥아들 지음, 정지인 옮김, 《나는 정신병에 걸린 뇌과학자입니다》, 심심, 2019년, 361쪽.

생활훈련, 다시 일상을 되찾기 위하여

일본 홋카이도 무라카와라는 작은 바닷가 동네에 있는 '베델의 집'과 서울 서대문구에 있는 '태화샘솟는집'의 공통점은 정신질환 당사자가 대상자나 사례자가 아니라, '주체'라는 것이다. 조현병 당사자가 주체가 된다는 것이 왜 중요할까?

조현병 당사자가 입원이나 통원치료로 잘 맞는 약물을 복용하게 되었다면 그다음 순서는 재활이다. 조현병 당사자에게 재활은 생활훈련이다. 발병으로 모든 기능이 떨어진 조현병 당사자에게는 아침에 일어나기, 씻기, 옷 갈아입기, 시간 맞춰 밥 먹기, 대중교통 이용하기 등 생활에서 필수적인 일 하나하나가 모두 도전적인 과제가 된다. 무엇 하나 쉬운 것이 없다. 어린이가 세상을 하나씩 배워가듯이 조현병 당사자도 다시 하나씩 생활훈련을 해야 한다.

생활훈련은 우선 깨끗하게 씻기부터 시작한다. 지역의 정신건강복지센터 등 시설에 나갈 때 씻고 나가기를 규칙으로 정하거나, 손톱을 깨끗하게 깎고 직업훈련을 간다거나 하는 식으로 개인 위생을 챙기도록 훈련받는다. 그리고 마트에서 계산하기, 생활비를 관리하기, 요리하기, 대중교통 타고 목적지까지 가기, 은행 이용하는 법 익히기, 핸드폰 사용법 익히기 등 일상을 유지하기 위해 필요한 일들을 하나씩 배운다. 지역 센터나 시설에서는 이런 일상생활을 유지하기 위한 생활훈련을 가장 중요시한다. 조현병이 발병하면 이런 기능들이 와해된다. 완화된 상태를 유지하기 위해 매일매일의 일상을 유지하는 것은 이 길고 긴 마라톤을 뛰기 위한 운동화 끈 묶기 같은 것이기 때문이다.

이때 대상자가 되지 않고 주체가 되어, 당사자가 스스로 해보는 경험은 일상의 지속성을 위해 중요하다. 조현병 발병으로 쓸모없는 사람이 된 것 같은 좌절감에 빠져 있을 때 작은 성취는 중요하기 때문이다. 태화샘솟는집은 당사자가 팀원이 된다. 커뮤니케이션팀, 건강지원팀, 취업지원팀, 교육지원팀, 자립지원팀 등 다섯 팀을 경험한 후 원하는 팀에 등록하여 활동한다. 매일 해야 할 업무가 주어진다. 마치 회사에 나가서 일을 하듯 주어진 작은 미션을 완수하는 것이다. 이 모델은 미국의 클럽하우스에서 빌려 온 것이란다. 정신질환을 가진 당사자들이 지역사회에서 존중받는 동료와 구성원으로 살아갈 수 있게 지원하기 위해서 설립되었다. 현재 태화샘솟는집은 국내에서 가장 손꼽히는 시설이다. 나무도 현재 대기자로 등록해두었다. 1년 6

개월 정도 기다려야 이용이 가능하단다.

일본 베델의 집 역시 지역사회에서 정신장애인이 주민들과 함께 어울려 생활하고, 장사나 작업 등 당사자들이 주체가 되어 사회참여를 할 수 있도록 한다. 이곳은 조현병을 하나의 특성으로 보고, 자신만의 장점과 잠재적 능력을 최대한 발휘하여 정신장애인 스스로 회복에 동참할 수 있는 환경을 제공하고 있다. 1부에서 소개했던 '환청 씨' 표현 외에도 다소 엉뚱한 이곳만의 표현과 철학이 많다. 예를 들어 '고생을 되찾자' '세끼 밥보다 회의가 좋아' '아래로 내려가는 삶' '이익이 나지 않는 것을 소중하게' '안심하고 땡땡이칠 수 있는', 이런 표현들이 자연스럽다. 이곳에서는 조현병 역시 하나의 특성이기 때문에 자신의 병을 숨기거나 부끄러워하지 않는다. 당사자들이 참석하는 회의에서 참석자들은 각자 오늘의 몸 상태와 기분, 그리고 시간을 이야기한다. "오늘은 순조롭습니다. 6시까지입니다." "조금 졸리지만 괜찮습니다. 저녁까지입니다." "오늘 몸 상태는 별로입니다. 3시까지입니다." 여기서의 '시간'은 본인의 컨디션에 따라 그날 일할 수 있는 시간을 사전에 공유하는 것이란다. 집중하기 어려운 당사자들의 특성을 반영한 운영 방식*이다. 나무

✤ 김도희, 〈일본 정신장애인 공동체 '베델의 집'을 가다〉, 《비마이너》, 2016년 2월 4일.

가 병원 카페에서 바리스타로 일할 때, 아침 8시 반부터 근무하라는 근무시간 변경 때문에 일을 그만둔 것을 생각하면 베델의집의 운영 방식은 이상적이다.

조현병 당사자가 일상생활을 유지할 수 있는 생활훈련을 하고, 그들의 속도에 맞게 할 수 있는 일을 하면서 살아간다면 조현병은 삶과 함께 유지되고 완화될 것이다. 우리가 기억해야할 것은 조현병은 평생 함께 가야 하는 친구라는 것이다. 한번 왔다가 가는 질병이 아니라 오래오래 함께하는 동거인. 발병 전의 기능으로 회복하기 위해서 많은 노력을 해야 하고, 꾸준히훈련해야 한다. 조현병으로 인해 세상의 속도와 다른 속도로살아가는 것, 그래서 좀 다르고 좀 낯선 세계에 접어드는 것. 그것도 삶의 한 형태이다.

누구나
일할 자유가 있다

2023년 2월, 나무가 대학을 졸업했다. 6년간의 학교 생활, 그래도 나무는 포기하지 않았다. 기쁨의 졸업식도 지나니 이제 새로운 걱정이 펼쳐졌다. 졸업 후 무엇을 해야 할지가 또 고민이었다.

대학 졸업 뒤, 나무는 바리스타 학원에 등록해 자격증을 따고, 자전거 정비 학원에 다니며 자전거 정비 수료증을 받았다. 제과제빵 학원도 다녔다. 하지만 취업은 쉽지 않았다. 바리스타 자격증을 따고 대형 프랜차이즈 카페에 여러 번 면접을 봤지만 모두 탈락이었다. 장애인고용공단의 장애인 채용에도 여러 번 응시했지만 서류도 통과하지 못했다. 나무는 실망했다. 자신감이 떨어진다고 했다. 사실 통과했어도 걱정이었다. 하루 12시간은 자야 일상생활이 가능한 나무가 하루 삼교대 근무를 하거나, 아침 9시부터 저녁 6시까지 근무하는 것은 불가능한 일이었기 때문이다.

한 달에 한 번 있는 진료 시간, 교수에게 물었다. "이젠 취업이 걱정입니다. 어디라도 가야 할 텐데 할 수 있는 일이 없네요. 어떻게 하면 좋을까요?" 교수는 지역 정신건강복지센터를 찾아가보라고 조언했다. 그리고 이렇게 말했다.

"돈을 벌면 많은 것이 좋아질 것입니다."

❌

진료를 받은 다음 날, 무턱대고 센터에 갔다. 담당 사회복지사는 우리를 반갑게 맞아줬고, 사례 관리를 안내해줬다. 매주 상담을 받고 있던 어느 날, 센터에서 연락이 왔다. 정신장애인 바리스타 채용에 지원해보라는 것이었다. 집에서 가까운 시립병원 내 카페에서 일하는 기회였다. 당장 바리스타 자격증과 센터 추천서를 첨부해 서류를 접수했다. 결과는 서류 통과! 그다음은 면접이었다. 면접위원 셋에 응시자 넷씩 면접을 봤다. 경쟁률은 4 대 1, 일주일에 6시간씩 6개월 동안 일하는 자리인데도 경쟁률이 높았다. 하지만 면접 결과는 불합격이었다. 높은 경쟁률을 뚫기에는 준비가 부족했던 모양이다. 나무는 낙담했지만 서운함을 드러내진 않았다.

그러던 어느 날, 병원에서 전화가 왔다. 나무가 예비 합격자였는데 자리가 생겼으니 다시 면접을 보러 오겠느냐는 연락이었다. 나무는 병원으로 뛰어갔다. 작업치료사의 작업성 검사가 끝나고, 출근이 결정났다. 나무는 안전교육을 8시간 수강하고, 통장사본을 준비하고, 보건소에 가서 보건증 발급을 신청했다.

드디어 출근하는 날, 손톱을 깨끗하게 깎고 샤워를 평소보다 오래 하고 단정하게 옷을 입고, 나무는 출근했다. 2시간 동안 음료를 만들고 설거지를 한 뒤 퇴근한 나무의 얼굴에 웃음이 환하게 퍼졌다. 함께 일하는 공익근무요원과 역할을 나눠서 일했는데 분위기가 좋다며, 다음에는 설거지를 더 잘해봐야겠다고 했다. 하지만 바리스타 출근도 두 달 만에 끝났다. 오전 8시 출근조로 변경하라는 지시가 있었는데, 나무에게 이 시간 출근은 불가능했기 때문이다. 다시 처음부터 시작이었다.

이번에는 동료활동가 양성과정이 있다는 소식을 들었다. 100시간 교육 뒤, 동료활동가로 하루 2시간에서 4시간 동안 일할 수 있는 기회가 주어진다고 했다, 그것도 3개월 동안. 그래도 해보는 거지, 그다음엔 또 다른 일이 연결되겠지 하면서 나무는 동료활동가 양성과정에 지원했다. 다시 서류를 접수하고 면접에 참가했다. 합격. 나무가 교육 기간 동안 하게 될 일은 초발 정신병 발병 환자나 만성질환자를 도와 일상활동을 지원하거나 병원에 동행하는 일이었다. 동료 정신질환자를 돕는다는 점에서도 의미 있지만, 이 교육을 통해 자신의 질병을 객관화하고 약물에 대한 정보·생활 관리에 대한 이해를 도울 수 있어 뜻깊은 시간이었다. 이를 '거울 치료'라고 한다.

나무는 교육 기간 내내 '거울'을 보며 자신을 단단하게 키워갔다. 약을 먹고 살아가는 삶에 대한 수용도가 높아졌고, 다른 당사자들을 어떻게 도와야 할지도 알게 되었다. 무엇보다 조현병을 가지고 살아가는 삶에 대한 구체적인 미래를 설계하게 되었다. 하지만 동료활동가 교육이 끝나고 당장 일자리가 연결되는 것은 아니었다. 다시 몇 개월을 기다려 동료활동가에 지원했다. 서류는 통과했지만 면접에서는 최종 탈락했다.

또 다음 기회를 기다려야 한다. 그사이 센터 소개로 대형 프랜차이즈 바리스타 면접을 봤다. 이번에도 탈락. 이번에는 탈락하지 않을 줄 알았는데 이유가 뭘까 궁금했다. 약물 부작용으로 살이 많이 쪄서 그럴까? 몸집이 큰 청년이어서 바리스타에 적합하지 않다고 판단했을까? 손끝이 야무지지 못해서 탈락했을까? 질문이 꼬리에 꼬리를 물었다.

매일 어딘가에 출근하고 일하는 것이, 그 기회를 만나는 것이 쉽지 않음을 다시금 깨닫는다. 역으로 그만큼 일한다는 것이 중요함을 깨닫는 시간이기도 하다. 월급이 많기를 원하는 것이 아니다. 하루 4시간에서 5시간 정도 일하면서 사회적 존재로 인정받고, 일을 통해 자존하는 기회를 가지고 싶은 것인데. 다른 청년들처럼 일하는 사람으로 인정받고 싶은 것뿐인데. 일은 자신으로 살아가기 위한 가장 중요한 도구니까 말이다.

정신장애인의 취업률은 모든 장애유형 중에서 가장 낮다. 2021년 장애인 경제활동 실태조사에 따르면 장애인 취업률은 전체 약 35퍼센트이고, 그중 정신장애인의 취업률은 10퍼센트 정도로 나타났다. 열 명 중 한 명만이 일을 한다. 게다가 정신장애인의 근로소득은 2021년 기준 89만 4000원으로, 최저생계를 하기 어려운 소득이다. 따라서 정신장애인의 수급자 비율이 66.9퍼센트로 전체 장애유형 중 가장 높다.

조현병 당사자들은 '좋은' 일자리가 인권이라고 말한다. 지역사회에서 한 시민으로 인정받는 것은 일을 가지고 자기 생계를 할 수 있는 여건이 주어져야 가능하다. 사회적 관계도 일을 통해서 가능하다. 하지만 조현병 당사자에게는 일자리를 가질 기회 자체가 부족하고, 좋은 일자리는 더더욱 그렇다. 그러니 사회적 관계는 점점 고립된다.

당사자들이 약물로 증상을 잡고 일상생활을 유지하게 되면, 다음 단계는 지역사회에서 일하며 자립하는 것이다. 평생 증상을 관리하며 완화해가야 하는 조현병의 특성상 일은 약물 치료만큼이나 중요하다. 최고의 치료제는 일자리다. 나무가 바리스타로 첫 출근해 2시간 근무를 하고 돌아왔을 때의 얼굴은 말갛고 밝았다. 그 환한 웃음은 노동한 자의 자기 효능감으로 인한 것이었다.

> "저는 우리가 함께 나누지 않는 정신병보다는 우리가 함께 나누는 인간으로서의 본질humanity이 더 중요하다고 믿어요. 조현병을 가진 사람들이 바라는 것은 조현병을 가지지 않은 사람들이 바라는 것과 다름없어요. ("사랑하고 일하라. 그것이 삶의 전부다"라는) 지그문트 프로이트의 말처럼요. '일하고 사랑하는 것', 그뿐이에요."
>
> _엘린 삭스, '정신병에 관한 이야기' TED 강연 중에서

조현병 당사자이자 서던 캘리포니아 대학교USC 로스쿨 석좌교수인 엘린 삭스Elyn Sachs는 30년 넘게 조현병과 함께 살았다. 그녀는 망상과 환청을 오랫동안 경험했고, 당사자로서 자신의 이야기를 기록했다. 나무보다 먼저 조현병을 살아낸

그녀는 당사자에게 '일하고 사랑하는 것'이 가장 중요하다고 말한다. 조현병 환자도 다르지 않다고 말이다.

나무는 오늘도 엑셀을 배우러 컴퓨터 학원에 가야 할까, 자전거 정비를 더 배워야 할까, 바리스타 학원을 더 다녀야 할까, 장애인을 위한 직업훈련기관에서 IT교육을 받을까 궁리 중이다. 다시 모색하고 다시 도전하면 자신이 할 수 있는 일을 만날 수 있을 거라고 기대하면서 말이다. 살아 있으니 무엇인가를 모색하는 것이고, 조현병을 가지고 살아가기 위해 할 수 있는 일을 찾는 것이다. 맞는 일을 찾는 것은 어느 청년에게나 어려운 일이고, 특히 정신질환을 가지고 살아가는 청년에겐 '미션 임파서블'이다.

그래도, 그래서, 나무의 도전은 오늘도 계속된다.

아주 보통의
퍼펙트 데이즈

발병 18년 차, 만 스물여덟 청년이 된 나무의 일상은 바쁘다. 취미 부자 나무 씨. 일어나면 뭔가를 해야 한다. 날씨가 좋은 날은 자전거를 타고 한강을 한 바퀴 돌고, 한강변 편의점에서 라면을 끓여 먹고 돌아온다. 어떤 날은 컴퓨터 하드를 들고 용산 전자상가에 가서 부품을 교체하고 온다. 어떤 날은 친구들을 만나 커피를 마시고, 어떤 날은 고등학교 담임 선생님과 저녁을 먹는다. 주말에는 사회인야구단에 나가기도 하고, 야구 경기를 직접 관람하러 경기장에 간다. 하루는 센터에 가서 프로그램에 참여하고, 다음 날은 병원에서 하는 교육에 참여한다. 나무의 일주일 스케줄은 꽉 차 있다.

이건 나무의 기질이기도 하고, 나무의 노력이기도 하다. 나무는 발병 전에도 호기심이 많은 어린이였다. 질문이 많고, 책을 좋아하고, 글을 잘 쓰는 아이였다. 이런 나무의 기질이 발병 후에도 유지되는 것이다. 하나를 탐구하면 깊이 알아가는 성격도 여전하다. 곤충에 대해 관심을 가지더니 딱정벌레에 대해서는 모르는 게 없을 정도로 탐독했다. 그다음은 자전거. 자전거의 종류·부품·회사 등등 줄줄 꿰고 있다. 이제는 컴퓨터 하드웨어. 부품 이름과 성능 비교, 부품별 회사명 등에 대해서 전문가 수준이다. 이런 나무의 기질이 유지되는 것은 반가운 일이다. 취향과 취미를 넓히고, 궁금한 것을 탐구하고 알아가며 성취감을 느끼는 것은 조현병 치료와 완화 상태를 유지하는 데 큰 도움이 된다.

※

조현병 당사자에게 일상을 유지하는 것은 약물치료 다음으로 중요하다. 완화 상태가 지속되는 것이 중요한 병이기 때문이다. 그래서 조현병 환자에게 하루하루 일상의 루틴은 소중하고, 작은 것에서 성취감을 가지는 것은 중요하다. '괜찮은 하루였다. 오늘도 나는 괜찮았다'라는 스스로의 평가가 당사자의 자존감을 유지하게 한다.

나무의 일상 중 규칙적이고 중요한 또 다른 일과는 전화하기이다. 부산에 있는 영자 씨에게 매일 안부 전화 하기. 부산 사투리를 흉내 내어 "영자 씨" 하며 다정하게 시작하는 통화다. 할머니가 식사는 하셨는지, 오늘은 뭘 하셨는지 묻는다. 물론 할아버지가 돌아가시기 전에는 할아버지에게 안부 전화하기도 마찬가지였다. 할머니·할아버지는 무조건 나무를 지지하는 분이다. 어떤 경우에도 나무를 응원하는 존재. 나무가 그의 베스트 프렌드 영자 씨에게 매일 전화하는 이유는 지지를 확인하고 싶어서가 아닐까? 그 외에도 이모, 숙모, 삼촌, 선생님, 선배, 친구 등 자신을 지지하는 사람들에게 끊임없이 전화한다. '나 살아 있어요. 오늘 하루도 잘 살아볼게요' 이렇게 말하는 것이다. 지지의 힘은 조현병을 앓지 않는 사람에게도 중요하지만, 조현병을 가지고 있는 사람에게는 더더욱 소중하다.

일상에서 의미 있는 순간들을 만들어가는 것은, 약을 먹고 주사를 맞고 혈액검사를 하고 종종 증상에 시달리는 고통을 잊게 하는 힘이 된다. 나무는 이 작은 순간을 충실히 사랑해야 할 이유를 알고 있다. 그래서 오늘도 누군가와 통화하고 어디론가 외출한다.

"마음챙김 수행은 항상 도착하는 것이다. 지금 여기에 도착하는 것. (…) 삶과 그 경이로움은 오직 현재의 순간에만 우리 곁에 있다. 과거는 이미 지나갔고, 미래는 아직 오지 않았으니 오직 현재의 순간만 있다."

_틱낫한

나무가 매일을 의미 있게 만들어가는 것은 현재의 순간에 도착하는 '수행'일지도 모르겠다. 그렇게 하루하루를 쌓아서 오늘이 있으니 나무도 꽤나 수행을 한 셈이다. 이러한 수행 안에는 술과 담배를 멀리하기도 포함된다. 나무는 초등학교 시절 조현병이 발병했다. 그래서인지 술을 배우지 못했다. 담배도 그렇다. 중고등학교 시절은 병원에서 보낸 시간이 많았고, 대학에 가서도 또래들과 어울리기에는 어려움이 있었다. 또래보다 순진한 아이, 순수한 청년이었다. 그래도 학과 모임에서 술을 마셔보았던 모양이다. 그런데 도저히 맞지 않다며, 앞으로도 마시지 않겠다고 했다. 그러고는 정말로 술을 입에도 대지 않았다.

조현병 치료에 있어서 음주는 부정적 영향을 미친다. 우선 약물과 술을 함께 복용하면 위험할 수 있고, 증상으로 인한 불안을 알코올에 기댈 때 알코올중독에 빠지기 쉽다. 또한 담배로 인한 니코틴중독도 조현병 당사자에게 많이 나타난다. 나무는 병원에서 술과 담배에 대한 교육을 받은 모양이다. 자신이 먹는 약이 승인을 받았는지, 어떤 부작용이 있는지를 살피는 청년이니 약물 복용에 술과 담배가 좋지 않다는 것도 확인한 것이다.

여러 차례의 입퇴원과 재발 후에 나무는 자신이 아프다는 것을 받아들였다. 앞으로 오랫동안 약을 먹으면서 살아가야 한다는 것도. 그래서 술과 담배를 멀리한다. 이것이 자신을 지키는 방법 중 하나라고 생각하는 것이다.

><

조현병 당사자는 많은 위험에 처한다. 자살률이 다른 집단에 비해 12배가 높다는 것도 그 위험 중 하나다. 조현병 환자의 5퍼센트가 자살로 생을 마감하는 것으로 추측된다. 자신이 너무 불행하다고 생각하기 때문에 극단적인 선택을 하는 것이다. 조현병 환자의 자살 원인 1순위는 우울증이다. 자살위험이 가장 높은 이들은 완화와 재발을 반복하고, 명확한 병식을 가지고 있으며, 약이 잘 듣지 않고, 사회적으로 고립되어 있으며, 미래에 대한 희망이 전혀 없고, 발병 이전에 이룬 성취와 현재의 기능 수준 사이에 크나큰 괴리가 있는 경우이다.[*] 이들은 발병 전의 자신과 발병 후의 자신을 비교하면서 불행해한다. 때문에 지금 현재에서 작은 성취를 경험하고 자존감을 가지는 것은 조현병의 유지치료에 있어 가장 효과적이다. 재발하지 않기 위해서, 적극적으로 치료하기 위해서 '퍼펙트 데이즈'가 필요하다.

영화 〈퍼펙트 데이즈〉(2024)의 주인공 히라야마는 도쿄 공중화장실 청소부이다. 영화 속 그의 삶은 어제와 다를 바 없이 평범해 보이지만, 반복되는 일상 속에서도 그는 취향을 곁들이고 소소한 변화를 마주하며 하루를 보낸다. 화분에 물을 주고, 오래된 카메라로 나무 사이의 햇살을 찍고, 문고판 책을 읽고, 동네 목욕탕에서 목욕을 하며 일상을 단정하게 가꾸어 나간다. 일종의 수행적 삶이랄까. 가장 '더러운' 장소를 청소하는 사람의 일상 속에 그의 존엄을 지켜주는 것들이 있으니, 그것이야말로 살 만한 삶, '완벽한' 나날이 아닌가 싶다.

이 날도 우리의 퍼펙트 데이즈 중 하루였다. 나무는 담당교수에게 "이런 게 힘들어요"라며 또박또박 말했다. 의사는 차근차근 증상을 묻고, 키보드를 치며 모니터에서 눈을 떼지 않고 데이터를 읽는다. 담당의사가 정년퇴임을 하면서 병원을

✣ E. 풀러 토리 지음, 정지인 옮김, 《조현병의 모든 것》, 심심, 2021년, 434쪽.

옮기게 되었고, 오늘은 새 병원에서 첫 진료다. 백과사전 두께의 진료 기록을 챙겨 가야 한다. 새로 담당하게 될 의사를 만나 치료 계획을 들어야 한다. 나는 '오전 업무만 하고 조퇴를 해야지, 집에 들러 진료 기록을 가져가야지, 병원 진료가 끝나면 나무와 맛있는 저녁을 먹어야지' 하고 하루를 계획했다. 새롭게 만난 의사는 치료는 그대로 유지하면서 검사 결과에 따라 조정하자고 했다.

우리는 혈액검사를 하고 주사를 맞고 처방전을 들고 약국에 가서 약을 받은 후 식당으로 갔다. 우리 둘 다 휴식이 필요하다. 피곤하고 긴 하루다. 호주식 브런치라는데 처음 들어보는 메뉴다. 맛있군, 멋지군, 포만감은 없네, 하면서 먹었다. 그래도 특별한 식사였다.

집으로 돌아와 주방에서 컵을 닦고 있는데 나무가 와서 하는 말이, "엄마는 꽃처럼 살지 마세요"란다. 무슨 영문인가 했더니 화병에 꽂혀 있던 꽃이 시든 모양이다. 거실 바닥에 꽃잎이 이리저리 흩어져 있는 것을 보고 나무가 이렇게 말했다.

"꽃은 슬퍼요, 꽃은 지니까. 엄마는 꽃 말고 나무 같은 사람이 되세요. 오래오래 그 자리에 있는."

나는 눈으로 대답한다. '인생이 그런 거란다. 한번 피면 지는 게 자연스러운 거지. 그렇지만 그래, 그러자. 나무 같은 사람. 한번 피고 지는 꽃보다 오래오래 그 자리를 지키는 사람. 그러려면 어떻게 살아야 하나.' 생각이 많아진다.

피곤했는지 곧 나무가 코로롱 코를 골며 잔다. 나는 보지 말라는 진료 기록 백과사전을 열어본다. 암호 같은 의학용어로 가득하다. 모르는 말들 속에서도 아이가 여전히 아프고, 앞으로도 오랫동안 아플 거라는 것은 알겠다. 호흡을 크게 하고, 나무가 되어본다. 아이의 그늘이 되고, 쉼터가 되고, 열매도 주는 나무. 우리 집에 나무가 살아요, 그것도 여러 그루가.

퍼펙트 데이즈를 쌓아가는 것이 수행이자 치료라는 것을 이제는 안다. 아주 보통의 완벽한 날들을 위해 아이는 매일 무엇인가를 하고, 그렇게 우리는 나무가 된다. 잠시 피고 지는 꽃이 아니라 오래오래 그 자리에 있는 나무가 된다.

세상과
마주 서는 용기

더웠던 지난 2024년 여름, 도서관을 작업실로 정해두고 매일 출근하던 중 낯선 이에게 메일이 왔다. 브런치 스토리에 올려둔 글을 보고 연락한다며 본인을 교양시사 유튜브 채널 '씨리얼' PD라 소개했다. 조현병에 대한 인식 개선을 위해 나무와 나를 인터뷰하고 싶다고 했다. 방송출연 제의. 나는 망설였다. '조현병 인식 개선은 중요한 일인데, 나무의 얼굴을 공개해도 될까?' 걱정이 되었다.

퇴근 후, 집에서 만난 나무에게 이런 연락이 오는데 출연해보겠냐고 조심스럽게 물었다. 나무는 한 치의 망설임도 없이 좋다고 했다. 의외였다. 그때는 나무가 정신장애인 동료활동가 교육을 받던 중이었다. 그래서인지 좋아진 자신의 모습을 보여주자고, 잘 사는 모습을 보여주려고 글도 쓴 거 아니냐고 했다. 나무에게 용기를 얻어 인터뷰에 응했다.

><

손흥민 선수 축구 경기가 있던 날, 나무와 동갑내기인 PD가 함께 축구를 보자며 집에 찾아왔다. 그녀도 축구를 좋아한다고 했다. 치킨을 먹으며 두 청년은 친구처럼 농담을 주고받으면서 축구를 봤다. 그리고 얼마 뒤 인터뷰 질문지가 왔고, 우리는 본격적인 촬영을 했다. 촬영하는 날은 이 오래된 아파트의 엘리베이터 공사 기간이었다. 두 명의 PD는 카메라를 둘러메고 13층까지 걸어 올라왔다. 그날 낮 최고기온이 35도였다.

땀을 흘리며 올라온 PD들을 위해 얼음 띄운 오미자 주스를 냈다. 나무는 오미자 주스 맛이 괜찮냐고 질문을 건네더니, 두 PD 중 누가 선배이고 누가 후배인지 물었다. 하하 호호. 세 청년의 웃음소리가 집 안에 가득했다. 곧 나무의 인터뷰 촬영이 진행되었다. 촬영은 나무의 방에서 했다. 내가 침대 옆 협탁에 쌓인 나무의 수면용 수건을 치웠더니, PD가 수건이 쌓여 있는 게 일상적이어서 더 좋다고 했다. 얼른 수건을 다시 제자리에 가져다놨다. 나만 긴장했다.

정작 나무는 젊은 세대답게 자연스러웠다. 나는 거실에서 모르는 척 기다렸다. 나무는 컴퓨터를 자랑하기도 하고, 자전거를 보여주기도 하며 인터뷰에 응했다. PD가 복용하는 약을 묻자 능숙하게 약통에 가서 약을 보여주며 설명했다. "이게 제가 먹는 약인데, 노란색이 클로자핀, 이건 리보트릴, 이게 리스페달인가 그럴 거예요. 저는 약을 비타민, 비타민이라고 불러요." 마치 동료활동가처럼 말이다. 그리고 나무는 말했다.

"시행착오가 많았잖아요, 그동안. 이렇게 하면 내가 괜찮고, 이렇게 하면 내가 아프다는 걸 알게 된 것 같아요. 요즘은 괜찮다 괜찮다, 마인드 컨트롤을 해요. 불안할 때는 맛있는 거 먹는 생각, 좋은 생각하고 불안한 거 없다고 생각하고. 그러면 괜찮아지는 편이에요."

나는 나무의 마음을 잘 알지 못했다. 일상 속에서는 뭐가 먹고 싶은지, 샤워는 했는지, 병원 진료는 누구와 갈지, 취업 준비는 어떻게 할지, 그런 이야기들을 나누다 보니 정작 나무의 진심을 들을 기회가 없었다. 나무는 카메라 앞에서 그동안 꺼내지 않은 말들을 했다. 환청이 들리지만 이젠 환청이 들려도 불안하지 않다는 이야기도 했다. 이제는 환청이구나, 하고 생각한다고 했다. 그게 제일 크게 달라진 변화라고. 나는 인터뷰를 통해 나무의 진심을 듣게 되었다. 예상하지 못한 선물이었다.

곧이어 나의 인터뷰가 시작되었다. 나는 거실에서 촬영하기로 했다. 내가 인터뷰를 하는 동안 나무는 거실에서, 자신의 방에서 기다렸다. 인터뷰가 진행되는 1시간 동안 잘 기다렸다. 해가 저물 즈음 인터뷰가 끝났다. 나무는 촬영팀에게 저녁 식사를 하고 가라고 했다. 하지만 PD들은 사무실에 복귀해야 한다고 했다. "그럼, 방송 나가고 나서 쫑파티 한번 해요. 저녁 먹어요." 나무는 친구 대하듯 PD들에게 저녁 식사를 제안했다. 나무는 조현병을 가지고도 잘 살아가는 자신의 모습을 촬영하고 편집하느라 애쓸 스태프들에게 예의를 갖추었다.

하지만 나는 촬영팀이 가고 나서도 망설였다. 남편도 조심스러워했다. 나무의 얼굴을 세상에 공개하는 게 정말 맞을까. 고민도 잠시, 망설여질 때는 처음 마음으로 하는 게 맞았다는 경험을 떠올렸다. 그렇다. '초심'말이다. 게다가 나무가 동의하고 적극적으로 참여한 영상이 아닌가? 세상이 좀 더 좋아지는 쪽으로, 조현병에 대한 오해와 편견이 옅어지기를 바라며 시작한 일이다. 죽기 전에 해야 할 말들을 세상에 꺼내기로 한 첫 마음을 기억하기로 했다.

✕

2024년 10월 2일 오후 9시 15분, 영상이 업로드됐다. 어색했다, 영상으로 내 모습을 보는 것은. 댓글이 달렸다. 응원의 댓글이 달렸다. 간혹 비난의 댓글, 오해의 댓글도 있었다. 조현병에 대한 이런 비난들, 오해들을 줄이기 위해 글도 쓰고 출연도 한 것이니 그러려니 했다.

며칠이 지나고, 나무와 둘이 오후 산책을 나섰다. 길을 따라 걸으며 나무를 응원하는 댓글만 읽어주었다. '나도 오래전에 조현병이 발병했는데 지금은 직장도 다니고 결혼도 했다'는 댓글, '나무 씨의 씩씩한 모습에 응원을 보낸다'는 댓글을 읽었다. 씩씩하게 촬영한 나무는 정작 영상을 볼 자신이 없다고 했다. 용기가 나면 그때 보겠다고 남겨두었다. 대신 내 입을 통해 들은 댓글에는 귀 기울였고, "정말?" "그래?"라며 미소를 지었다. 우리는 응원의 댓글에서 힘을 얻어 또 하루하루를 잘 살아보자고 했다.

씨리얼 채널 영상 "어느 날 엄마가 가짜로 보였다"의 조회 수가 90만 회가 훌쩍 넘었단다. 조회 수가 뭐라고 왠지 뿌듯했다. 뜨거운 여름날, 우리들의 노력을 보상받은 것 같았다. 나무와 나, 그리고 PD와 스태프들이 애쓴 결과이고, 많은 사람들에게 우리의 이야기가 필요했다는 증거이다. 나무의 선택이 옳았다. 용기 내어 세상 앞에 마주 서고 이야기를 했더니, 오해와 편견 너머 나무의 진짜 모습을 바라보고 우리의 이야기에 귀 기울이는 많은 사람들과 연결되었다. 우리는 또 살아갈 힘을 얻었고, 지금까지 지나온 시간들을 보상받았다. 이 축복 같은 시간은 끊임없이 세상을 향해 나아간 나무가 만든 순간이었다.

가을이 깊어가는 날, 나무와 PD가 미뤄두었던 저녁 식사 약속을 했다. 두 청년이 의논해서 정한 식당은 중국집. 우리는 퇴근하고 망원동에서 만나기로 했다. "엄마, 늦지 말고 오세요. 나 PD하고 둘만 있으면 쑥스러우니까요." 나무는 약속 장소로 가고 있는 내게 전화를 했다.

우리 셋은 머리를 맞대고 가지튀김을 먹고, 탕수육을 먹고, 짬뽕을 먹었다. 축구 소식으로 시작해 유튜브 영상 얘기로 이어진 대화는 양양 바다 이야기, 연애 이야기, 일하며 살아가는 이야기로 흘렀다. 이야기가 끝이 없었다. 그 식탁에서 병은 중요하지 않았다.

다시,
사랑의 풍경

아이들은 언제 퇴근하냐고 연신 연락했다. 작은아이는 나무에게 미역국을 끓이라고 돈을 보냈고, 나무는 멸치와 다시마로 육수를 내고, 미역국에 넣을 고기를 사 와서 볶고, 불려둔 미역을 넣어 또 볶고, 국간장을 넣고 액젓을 넣어서 미역국을 완성했다. 본인이 지금까지 끓인 미역국 중에 가장 맛있다고 자부했다. 나무는 엄마가 좋아하는 당근케이크를 왕복 2.2킬로미터를 걸어서 사 왔다고 자랑했다. 작은아이는 예쁜 꽃다발과 화병을 주문했다.

이 이야기를 들은 영자 씨는 "아이고, 오늘 니 입이 찢어지겠구나. 오늘은 실컷 웃어라. 내가 다음에 가면 꿰매줄게"란다. 역시 영자 씨 위트는 못 당한다. 사실 오늘은 내 생일이자 영자 씨의 결혼기념일이다. 나는 두 분이 결혼한 지 딱 1년 되는 날 태어난 아이다.

생일 아침에 영자 씨에게 전화했더니 아버지 이야기를 하며 우신다.

"아버지가 달력에 결혼 55주년이라고 써놨더라. 아이고, 눈물이 난다. 내가 너그 아버지가 하도 힘들게 해서 미워하고 그랬지만 마이 사랑했는갑다. 아버지도 가난한 집 장남이라 살기 힘들어서 그런 거지. 가고 나니 고생했던 거는 생각이 하나도 안 나고 좋은 것만 생각나네."

잘했어요, 엄마. 좋은 것만 기억하세요. 아버지는 내 생일날마다 맛있는 거 사 먹으라고 용돈 10만 원을 보내주셨는데, 이번 생일부터는 받을 수 없다. 엄마가 우는 소리에 나도 목이 멘다.

"엄마, 오늘 친구들하고 맛있는 거 드세요. 용돈 보냈어요. 55년 전 오늘 나 낳느라 고생 많으셨어요. 감사합니다."

엄마에게 용돈을 부치는데 즐겨찾기에 아버지 계좌번호가 보여 또 울컥했다. 아버지는 돌아가셨지만 여전히 내 곁에 계시는구나. 부모님 덕분에 태어나고 부모님 덕분에 살았구나. 생일날의 깨달음이다.

저녁에 우리는 꽃다발을 두고 모였다. 남편은 낮 동안 가족 카톡방에 '평화를 빕니다'를 세 번 올렸다. 아이들이 미역국을 끓이느라 의논하는 것도, 저녁을 먹기로 정하는 것도, 농담을 주고받는 것도 낯선 풍경이다. 그는 조마조마했던 것이다. 나무가 발병하기 전, 20년 전쯤에 아이들이 내 생일이라고 비밀리에 문구점에 가서 찰흙을 사 와 케이크 모양으로 빚고 손 편지를 쓰던 그때로 돌아간 것 같다. 발병하고 어느 해 생일날은 나무가 응급차를 타고 병원에 가고, 어느 해 생일날에는 병원에 면회를 가고, 어느 해 생일날에는 아이들이 각자 지쳐 서로 쳐다보지도 않았는데, 살다 보니 이런 날이 온다. 아버지가 다 주고 가셨나.

"엄마, 쉰다섯 번째 생일을 누구보다 축하해! 지금까지 살아오느라 고생이 참 많았어. 리시안셔스의 꽃말은 변치 않는 사랑이래, 우리 사이처럼. 앞으로 남은 삶은 그만 아프고, 힘들지 말자. 엄마가 항상 건강하고 행복하길 기도하고, 내가 거기에 조금이나마 보탬이 됐으면 좋겠다. 내가 세상에서 제일 존경하는 사람, 온 마음을 다해 사랑해요. 태어나줘서 고맙고, 나에게 이 멋진 세상을 선물해줘서 고마워. 사랑해."

작은아이가 쓴 손 편지를 여기에 옮긴다. 오늘을 기록해둔다. 내가, 우리가 할 수 있고 해야 하는 것은 결국 사랑인가, 어머니 아버지가 내게 주신 것처럼.

우리가 오늘에 이르기까지 무엇이 있었을까? 사랑하는 가족이 조현병에 걸렸을 때 가족은 어떻게 해야 할까? 나는 중요한 것은 조현병 증상과 당사자를 분리해서 보는 것, 보호자인 나를 잘 돌보는 것, 질병과 함께 살아갈 수 있는 지혜를 갖는 것이라고 생각한다. 조현병 당사자가 적극적으로 치료할 수 있게 지원하고, 그를 계속 사랑하며 지지하는 것은 기본 중의 기본이다. 하지만 조현병이라는 질병 앞에서 항상 그 마음을 유지하는 것은 어렵다.

✕

"어떤 사람을 사랑하면서도 그 사람을 부끄러워할 수가 있나?"* 《은유의 글쓰기 상담소》 두 번째 장에서, 저자는 발달장애 아이를 양육하는 한 학인의 글에 등장하는 이 문장을 읽고 밑줄을 그었다 말한다. 나도 이 문장에 밑줄을 그었다. 울면서 그었다. 아름다운 문장이여서? 그보다 내 마음이 그 마음이었기 때문이다.

"흘리지 말고 먹어." 식탁을 닦으면서 나는 말했다. "조용히

✢ 은유, 《은유의 글쓰기 상담소》, 김영사, 2023년, 118쪽.

말하자." 컴퓨터 부품 이야기에 신난 아들에게 말했다. 언젠가 병원 옮기고 첫 진료를 응원하기 위해 이른 저녁을 예약했었다. 나무와 둘이서 한 모처럼의 데이트였다. 아들은 분위기 좋다, 처음 먹어보는 음식이다, 맛있다며 신이 났다. 식당에는 아들 또래 청년들이 친구끼리, 연인끼리 음식을 먹고 있다. 나는 습관처럼 나무가 흘린 음식을 닦고, 수저를 정리하고, 조용히 음식을 먹고, 잘 먹었다고 인사를 하고 나왔다. 집으로 돌아가는 버스에서는 음악을 들으며 몸을 흔드는 나무에게 그러지 말라고, 버스에서 춤추는 거 아니라고 했다. 나는 나무를 챙긴다고 생각했다.

사실은 나무가 부끄러웠던 것이다. 작은아이에게 이 문장을 읽어주었다. 나는 나무를 부끄러워한 것이라고 고백했다. 민폐가 될까 봐 하지 말라고 조용히 하라고 했지만, 사실은 우리가 어떻게 보일까를 염려한 것이었다고 했다. 나무를, 나무의 장애를 숨기고 싶은 것이었다고, 그것이 복잡한 내 마음이었다고.

"엄마 괜찮아. 자식이 아프지 않아도 부끄러워하는 부모들 많아. '더 잘하지 못하니? 더 성공하지 못하니?' 하면서. 그렇게 자신을 성찰할 수 있는 사람이 얼마나 되겠어. 엄마는 잘해왔어." 작은아이는 말했다.

우연히 오에 겐자부로와 관련된 기사를 봤다. 일본에서 두 번째로 노벨문학상을 받은 작가란다. 이름은 들어봤지만 그의 작품을 읽은 적은 없다. 기사를 접하고서야 그가 어떤 작가였는지 찾아본다. 뇌질환을 가지고 태어난 아들에 대한 소설 《개인적인 체험》이 노벨문학상 수상에 결정적인 계기가 되었다고 한다. 그의 아들은 자폐장애가 있고, 음악가란다. 도서관에 이 책이 있을까? 사랑하면서도 부끄럽고, 숨기고 싶으면서도 애끓는 장애아 부모의 마음을 어떻게 그렸을지 궁금하다. 사랑하면서도 부끄러운 마음이 여기저기에 있다.

나무에 대한 사랑을 계속 기억하고 부끄러워하기도 하는 내 마음을 잘 들여다보려고 책을 읽고 글을 쓰고 산책을 한다. 사랑을 잃지 않으려는 수행, 그 마음으로 매일 기도를 한다, 아무 신에게나. 그리고 매일의 일상을 단정하게 가꾼다.

휴일 오전, 코감기에 걸린 나무는 크러렁 크러렁, 오후에 데이트 간다는 작은아이는 코오 코오, 살아 있는 소리를 내며 늦잠을 잔다. 남편은 기침을 한 번 하고 텔레비전 리모콘에 대고 '쇼팽'을 찾는다. AI는 쇼팽을 찾다가 결국 임윤찬의 쇼팽을 튼다. 화병에는 작은아이가 들고 온 리시안셔스가 꽂혀 있고, 인왕산 너머 하늘에는 구름이 파도 모양으로 떠 있다. 어제저녁 설거지한 그릇은 잘 말랐고, 나무가 끓인 미역국은 절반이 남았다. 재활용 쓰레기는 종이, 플라스틱, 캔 종류로 분리되어

목요일 분리일을 기다리고 있다. 사랑을 잃지 않으려는 기도와 단정한 일상은 조현병 환자를 돌보고, 돌보는 나를 돌보는 데 필수다. 그러면 깨달음이 따라온다.

"질환을 가진 삶은 분명 고통스러운 면이 있다. 그것을 옆에서 지켜보게 되는 가족도 마찬가지로 고통을 겪는다. 환자는 평소에 아무렇지 않게 누리던 무엇인가를 잃어버리며 결코 원하지 않던 무엇인가를 떠안는다. 그러나 쉽게 동의할 수 없는 그 교환의 관계가 지속되며 그는 질병이나 아픔과 함께 살아가는 것이 무엇인지를 배우게 된다. 어쩌면 이런 방식이 삶에 주어진 고통의 의미를 이해하고 해석하는, 또 그것을 극복하는 유일한 방식일지도 모르겠다."✧

나는 이 문단이 좋았다. 병에 걸리지 않았으면 좋았겠지만 나무는 병에 걸렸고, 우리는 낙인을 얻었고, 고통을 겪었다. 질병과 함께 살아가면서 삶에 주어진 고통의 의미를 알게 되었다. 나무의 조현병은 우리에게 고통이었고, 삶의 깨달음이었다. 조현병을 앓고 있는 가족이 있는 당신에게 이렇게 말해

✧ 이기병, 《연결된 고통》, 아몬드, 2023년, 51쪽.

주고 싶다.

"우선 그를 사랑하는 마음을 기억하세요. 하나씩 할 수 있는 것을 하세요. 적극적으로 치료법을 찾으세요. 의료진을 믿고 의료진에게 질문하세요. 집은 조용하고 깨끗하게 정돈하세요. 환자와의 약속은 되도록 지키세요. 그를 나무라거나 힐난하지 마세요. 그가 규칙적으로 생활할 수 있도록 도와주세요. 건강한 식사와 적당한 운동을 할 수 있게 해주세요. 그가 증상을 보일 때는 논쟁하지 말고 자극하지 마세요. 그가 갈 수 있는 곳, 할 수 있는 것을 만들어주세요. 그에게 사랑한다고 자주 말해주세요. 그리고 무엇보다 그를 돌보는 당신을 돌보세요. 잘 먹고, 잘 자고, 일을 할 수 있다면 하고, 당신을 지지해줄 수 있는 사람을 곁에 두세요. 좋아하는 것도 남겨놓으세요. 그러면서 당신의 삶을 건강하게 만들어가세요. 당신을 가장 먼저 사랑하는 것이 그를 계속 사랑하는 것입니다. 그래야 오래오래 동거해야 하는 조현병과 함께할 수 있어요."

그럼에도 계속 말하는 마음

첫 번째 원고 '엄마, 내가 미치고 있는 건가요?'가 2023년 12월 25일, 〈한겨레21〉 1494호에 게재됐다. 이 글은 2023년 12월 29일 치 〈한겨레〉 사회면에도 실렸다, '11살에 온 조현병, 보호병동 입원날 "엄마, 엄마, 엄마"'라는 제목으로. 포털 사이트 기준, '좋아요'가 1406건으로 많은 사람들의 주목을 받았다. '좋아요' 중 '후속강추'가 995건으로 가장 많았고, '공감백배'가 336건으로 그다음이었으며, 댓글은 270개가 달렸다.

2주 뒤, 두 번째 원고가 〈한겨레21〉 1496호에 실렸다. '아이는 정신병동에서 춤을 배웠다'라는 제목이었다. 첫 번째 글에 비해 조회 수나 댓글은 줄었지만 여전히 많은 독자들이 읽었다. '소아조현병'이라는 소재가 많은 사람들에게 이목을 끌었던 모양이다. 그 이후로도 14화까지 꾸준히 많은 독자들이 이 연재를 읽고 공감해줬다.

나는 이 기사들의 댓글을 보지 않으려고 했다. 그런데도 자꾸 눈이 갔다. 독자들의 반응도 궁금하고 어떤 마음으로 댓글을 쓰는지도 궁금했다. 댓글을 하나씩 읽으며 격려하고 응원하는 글은 마음에 담아두고, 비난의 말들은 모니터 뒤로 숨기려고 했다. 그런데 그게 잘 안됐다. '엄마가 문제네' '위험한 인물이네' 이런 식의 댓글들, 그 말들이 나의 심장을 스치고 지나갔다.

잊자. 신경 쓰지 말자. 나가서 산책하기로 했다. 1년 전 우리 곁을 떠난 하늘이를 생각하며 북한산 자락길을 걸을까? 아니면 오리 이웃들이 안녕한지 살피며 홍제천을 걸을까? 걷다 보면 잊을 것이다. 그까짓 말들, 단련될 때도 되지 않았나.

나무의 병에 대해 한 마디도 하지 못하고 한 줄 글도 쓰지 못하던 시간을 지나 '조현병'을 말할 수 있게 되기까지. 그 터널을 빠져나와 나무가 스스로를 돌보고 자신의 일상을 살아가기까지. 질병이, 조현병이 나무의 일부가 되기까지. 무엇이 그것을 가능하게 했을까? 결론부터 말하자면 그것은 '사랑'이었다.

사람들은 18년이라는 숫자에 놀란다. 버티려고 버틴 것이 아니다. 그냥 하루하루를 보냈고, 그 시간이 쌓인 것일 뿐. 그 시간을 보낸 힘은 주변 사람들의 지지와 응원 덕분이었다. 할아버지, 할머니, 이모, 삼촌 등 나무와 우리 가족을 여전히 사랑하는 가족, 나무를 지지하고 돌봐준 간호사와 의사들, 도와주려고 애쓴 교사들, 자전거를 함께 탄 옆집 아저씨와 말을 걸어준 윗집 할머니. 이런 사람들이 있었기 때문에 가능했다.

"사랑 안에서 희생하고 헌신하는 것이 없다면 시간과 우연 너머 살아남는 것은 없다. 사실 그것을 빼면 우리 인생에 무슨 좋은 이야기가 남아 있겠는가. 우리는 우연의 산물이지만, 책임감과 희생과 헌신의 경이로운 이야기들의 연속된 흐름 속에 있을 수 있다."

아이들도, 어른들도 우연의 산물이지만 인류가 지속되는 동안 우리는 책임감과 희생과 헌신으로 이어진다. 나무와 우리 가족은 많은 이들의 사랑 안에, 희생과 헌신 안에 있었다. 그 덕분이었다.

그리고 나무가 자신에 대한 사랑을 놓지 않은 것, 포기하지 않고 나무를 지지하고 나무를 위해 가장 최선의 방법을 고민하기 위해 머리를 맞댄 우리 부부, 또 갑자기 발병한 오빠로 인한 환경 변화에도 오빠를 이해하고 수용한 나무의 동생, 우리 가족의 사랑이 있었기 때문에 가능했다. 그래서 시간과 우연 너머, 나무가 살아남았다.

✦ 정혜윤, 《삶의 발명》, 위고, 2023년, 186쪽.

만약 18년 전으로 돌아간다면, 무엇이 있었으면 우리가 덜 외로웠을까? 그만두고 싶은 마음을 붙잡아주었을까? 우선 지역 정신건강복지센터의 소아정신질환 지원 체계다. 정신건강복지센터는 정신건강복지법에 의해 보건복지부-광역지방자치단체-기초지방자지단체에서 설치·운영할 수 있는 기관이다. 지방자치단체 보건소 산하 센터로 지역 병원이나 대학에 위탁하거나 드물게 지자체가 직영하는 정신건강복지센터는 성인 대상 프로그램 중심으로 운영된다. 정신병 발병 연령이 낮아지고 있고, 소아청소년 자살율이 경제협력개발기구OECD 국가에서 가장 높은 한국 사회에서 지역 정신건강복지센터의 역할은 중요하다. 겸직 의사가 센터장이고 간호사 한두 명에 사회복지사 몇 명으로 운영되는 센터가 100명 중 한 명이 발병하는 지역의 조현병 환자들과 그의 가족을 지원하는 것은 역부족이다. 소아조현병의 특수성을 반영하기엔 더더욱 어렵다.

정신건강복지센터는 중증정신질환관리와 회복지원사업, 정신건강증진을 위한 검사지원과 자살 예방 등 다양한 업무를 담당하고 있다. 센터는 조현병뿐 아니라 우울증 등 다양한 정신질환을 맡고 있다. 국민 중 정신질환으로 어려움을 겪고 있는 이들은 점점 늘어나고, 이에 비해 정신건강복지센터의 운영 현실이 따라잡을 수 없는 것이 사실이다. 국가 예산은 항상 부족하다. 무엇을 우선순위로 정하는가가 중요한 법. 조현병 환자를 포함한 정신질환자도 함께 살아가야 할 시민이라는 것을 인정한다면 지역센터 운영 여건이 보다 나아지지 않을까?

그리고 학교 교사, 특수교사, 보건교사의 소아정신병에 대한 이해가 필요하고, 소아정신병 임상 경험이 쌓여 있는 의료진이 더 많이 있어야 한다. 소아조현병은 성인기 발병 조현병보다 불량한 치료 반응의 특성을 가진다. 뇌 발달이 충분하지 않은 나이에 발병할수록 심한 손상을 받아 치료에 어려움을 겪기 때문에 학교와 병원, 지역 정신건강복지센터의 협력적 지원이 꼭 필요하다. 학교 교사가 수업뿐 아니라 행동지도·교실 운영·행정업무 등 다양하고 복잡한 업무를 맡고 있는 상황에서 조현병과 같은 정신질환을 가진 학생을 이해하기란 역부족일 것이다. 교대와 사범대 교과목에 '정신장애 아동이해'와 같은 과목이 있을 리도 만무하다.

다양한 장애별 특성에 대한 이해에 기초해야 하는 특수교사는 더욱 어려운 상황이다. 장애아동의 다양성과 특수성을 반영하기엔 장애아동 수에 비해 특수교사가 턱없이 부족하고, 특수교사의 과중한 업무 안에서 '더 특수한' 정신장애 학생을 지도하는 것은 불가능에 가깝다. 그래서 정신장애를 가진 학생은 어디에서도 돌봄을 받기 어려운 구조가 거듭되고 있고, 결국 가정에서 독박으로 돌봐야 한다는 결론에 도달한다. 그렇다면 그 가정은 단단한가? 아니다.

아프거나 아프지 않거나, 장애가 있거나 있지 않거나, 모든 아이는 우리 사회의 일원이다. 이 아이가 나만의 아이인가. 가족이 이 아이들을 감당하지 못해 극단적인 선택을 하게 방치하지 말고 사회가 손을 내밀어야 한다. 이게 이 시간을 거쳐온 우리가 하고 싶은 이야기다.

그리고 또 하고 싶은 이야기는 누구나 아플 수 있고, 질병도 삶의 일부라는 것이다.

> "아프다는 것은 그저 다른 방식의 삶이고, 질병을 전부 살아냈을 즈음에 우리는 다르게 살게 된다."✝

조현병이 나무에게 오지 않았다면 어땠을까? 우리는 행복하기만 했을까? 그건 모르는 일이다. 나무와 우리 가족은 조현병을 통해 질병을 가지고 살아가는 법을 배웠고, 삶에서 소중한 것이 무엇인지 알게 됐다. 아서 프랭크는 질병이 기회라

✝ 아서 프랭크 지음, 메이 옮김, 《아픈 몸을 살다》, 봄날의책, 2017년, 10쪽.

고 했다. 아픈 몸을 사는 것은 우리를 삶의 경계로 데려가고, 그 경계에서 삶의 가치를 새로운 방식으로 보게 한다고. 역시 그렇다. 우리는 다르게 살게 되었다.

조현병을 만나기 전보다 조현병을 만나고 나서 우리 삶은 풍부해졌다. 인간은 누구나 아프고, 누구나 죽음에 이른다. 우리는 질병을 통해 질병 전의 과거를 애도하고, 현재의 사랑을 배우고, 고통을 지나 작은 행복을 소중히 여기게 됐다. 넓은 아파트, 좋은 대학, 대기업 취업, 높은 연봉, 이런 것 말고. 불안이 밀려오지 않는 시간에 감사하고, 머리 맞대고 밥 먹는 순간을 사랑하고, 손잡고 산책하는 길의 단풍에 감동하고, 우리에게 호혜를 베푼 이들을 기억하고. 그것이면 되지 않았나.

그러니 또 조현병을 가지고 살아간다. 나무의 일부로, 우리 일상의 한 부분으로.

내 아이는 조각난 세계를 삽니다

© 윤서, 2025

초판 1쇄 인쇄	**지은이**		
2025년 2월 4일	윤서		

초판 1쇄 발행	**펴낸이**	**편집1팀**	**마케팅팀**
2025년 2월 19일	이상훈	이연재 김진주	김한성 조재성 박신영 김애린 오민정

펴낸곳	**등록**	**주소**	**전화**
(주)한겨레엔	2006년 1월 4일 제313-2006-00003호	서울시 마포구 창전로 70 (신수동) 화수목빌딩 5층	02-6383-1602~3

	팩스	**대표메일**	**ISBN**
	02-6383-1610	book@hanien.co.kr	979-11-7213-216-3 (03180)